自治体の都市計画担当になったら読む本

橋本 隆［著］

学陽書房

はじめに

本書を手にとっていただいた皆さんの多くは、都市計画担当になって間もない人や都市計画実務の初歩を学んでみたい人かと思います。

おそらく皆さんは、都市計画に対して、都市の将来を計画するという壮大さや魅力を感じる一方で、とっつきにくい印象も持っているのではないでしょうか。

都市計画を専門的に学んできた人はあまり多くないと思います。入庁を機に、そのまちに移り住むことになったため、土地勘がなく、町名すらわからない人もいるでしょう。また、近年では職場内外でのコミュニケーションが減り、気軽に上司や同僚から実務のノウハウを教わる機会がないという人もいるかもしれません。

私は、都市計画担当になったばかりで不安を抱いている人から、よくこんな質問を受けます。

「都市計画を学んだことのない私が理解できるようになりますか？」
「私が住んだことのない都市の都市計画ができるのでしょうか？」
「都市計画の実務について何から学んだらよいのでしょうか？」

これらの質問に対して私は、「最初はわからなくて当たり前です。全く問題ありません」と答えています。

なぜなら、私も住んだことのない群馬県伊勢崎市へ20年前に引越し、自治体の都市計画担当になったとき、これら全ての疑問を同時に抱いていたからです。当時は、私も都市計画が何もわからず途方に暮れました。

しかし、よく考えてみると、私たちは朝起きてから夜寝るまで、都市計画と無縁な日はほとんどなく、都市計画は私たちの日常生活と密接に関係しています。私たちが休日に外出すれば、都市計画公園や駅前広場に行くことがあるでしょう。平日に車で通勤すれば都市計画道路を利用し、電車で通勤すれば鉄道を利用するでしょう。中心市街地に行けば、区画が整理された美しい街並みを見ることができますし、商業地域での買物を楽しむこともできるでしょう。

これらは、都市計画担当が都市の点、線、面を計画し、整備してきた成果の一部であり、その成果を多くの人が日常的に利用しているのです。

少しだけ見方を変えれば、都市計画は私たちにとって身近なものであり、私たちは知らず知らずのうちに都市計画を日々学んでいるのです。

一方で、都市計画担当の職場に目を向ければ、技術系と事務系の職員が一丸となって働いているという大きな特徴があります。

これまでに各職員が培ってきたキャリアは全く異なるでしょうし、お互いの得意分野にも大きな差があるかと思います。

このような職場では、各職員の特徴を最大限に活かして、お互いに学び合いながら目標を達成することができる大きな充実感があります。

工事監理や用地買収を担当することが多い技術系職員、条例制定や予算措置を担当することが多い事務系職員、どちらも非常に重要な仕事ですし、お互いに学び合うことで知識や経験にも深みが増すのです。

本書は、都市計画担当になった人ならば一度は感じてきた疑問や課題の解決に役立つ実務的なノウハウをたくさん盛り込みました。

より専門的な理解を深めたい人のためには、巻末に参考文献・ブックガイドを掲載しましたので、ぜひそちらの専門的な書籍等もご覧いただければと思います。

皆さんが担当する都市計画は、都市の魅力を創造することができる、大きなやりがいを感じることができる実務に満ちています。

本書が、皆さんにとって心強い「実務の味方」になれば幸いです。

令和４年３月

橋本　隆

第1章　都市計画担当の仕事へようこそ

第2章 都市計画担当の心得

第4章　土地利用のポイント

第7章 景観形成のポイント

第8章 都市計画担当の仕事術

凡　例

〈法令名の略記〉

本書の内容現在は、原則として令和４年４月１日です。
本文や図表では、下記の法令を略記していることがあります。

都市計画法　……　法
都市計画法施行令　……　法施行令
都市計画法施行規則　……　法施行規則
例）都市計画法第 17 条第１項　→　法 17 条１項

また、法令条文中、重要な箇所について強調（太字）にしていることがあります（すべて著者による）。

〈専門用語の略記〉

読みやすさを考慮し、下記の用語については通称で記しています。

都市計画区域の整備、開発及び保全の方針（都市計画法６条の 2）
……　都市計画区域マスタープラン

市町村の都市計画に関する基本的な方針（都市計画法 18 条の 2）
……　都市計画マスタープラン

第1章

都市計画担当の仕事へようこそ

1 ◎…都市計画担当の仕事って？

▶▶都市計画担当の仕事とは

都市計画担当の所属部署の名称は、自治体によって違いがあります。都市計画の名称をそのまま用いた「都市計画課」のほか、「都市整備課」や「都市政策課」などがあります。

このように、自治体によって所属部署の名称が異なることから、都市計画担当の事務分掌も若干異なっているようです。これは、その自治体の事務量や人員配置等によって、ある事務を他の部署に配分していたり、逆に密接に関係する事務を分掌していたりすることによります。いずれにしても、都市計画担当は、その都市の将来を計画するにあたり、関連する広い知識や経験を習得することになります。

そこでまず、「都市計画担当になったらまずはココを押さえるべき！」という、とても重要な５つの仕事の概要をお伝えします。本書では、これらを各章に割り振ってノウハウを紹介しますが、まずは①都市計画決定、②土地利用、③都市施設、④市街地開発事業、⑤景観形成について、概要を順に説明しましょう。

▶▶都市計画決定

都市計画は、決定することによって、その後の規制･誘導を図ったり、事業認可を受けたりすることができます。

その都市計画では、主に②土地利用、③都市施設、④市街地開発事業についての計画を決定し、これによる規制・誘導や都市基盤整備が行われます。つまり、都市計画は必要な手続を経て決定され、その決定に基づいて規制したり、事業化していく流れになります。

この都市計画決定の手続については、決定権者によって若干異なるので注意が必要です。また、都市計画決定の手続に併せて、条例を新規に制定したり、条例を一部改正したりしなければならない場合があるため、根拠法令をよく調べておきましょう。特に、罰則付きの条例に関する新規制定や一部改正については、検察庁への協議を要するため、関連手続を踏まえたスケジュールを考えておく必要があります。

▶▶土地利用

土地利用の計画は、地形・地物（道路や河川）や行政界（行政区画）等の範囲に合わせて定められています。

大きな分類としては、その都市の中にある都市計画区域が線引き都市計画区域か非線引き都市計画区域であるかを定める「区域区分」という制度があります。区域区分され、市街化区域と市街化調整区域がある都市計画区域が線引き都市計画区域です。逆に、区域区分されていない都

図表1　土地利用計画のイメージ

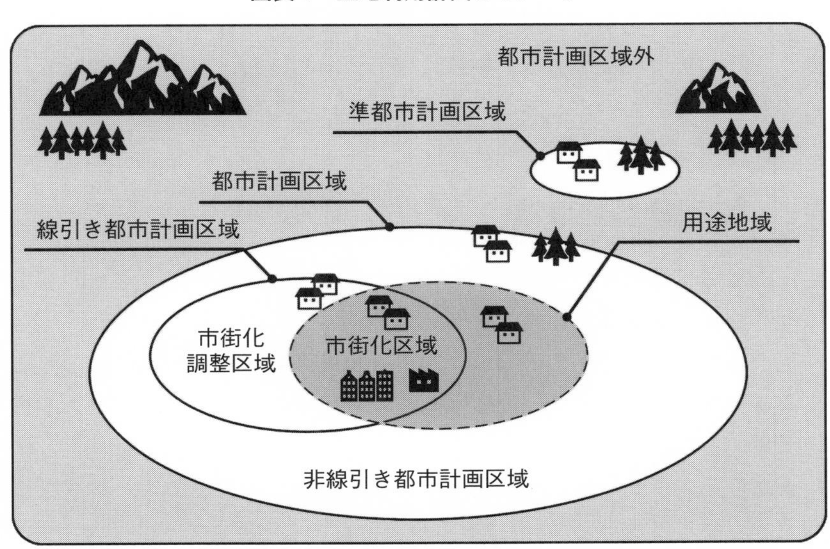

市計画区域が非線引き都市計画区域です。

市街化区域には、少なくとも用途地域を定め、市街化調整区域には、原則として用途地域を指定しません。また、非線引き都市計画区域にも、用途地域を指定することができます。

この用途地域は、商業地域、住居地域、工業地域等がありますが、その用途地域に応じて建築することができる建築物が制限されています。

その他にも自治体によっては、地区計画が指定されていることがあります。これは、建築物等の形態・意匠・色彩等、より詳細に地区のルールを定めている範囲であり、自治体独自のまちづくりを実現する手法として注目されています。

▶▶都市施設

都市計画図（26頁の写真1を参照）の中には、都市計画道路、都市計画公園、都市計画下水道等の都市施設が記載されています。これらの都市施設は、私たちが都市の中で生活していく上で欠かせない、非常に重要なものになります。

このため、これらの都市施設の範囲内では、将来の事業が円滑に進むよう、建築物の建築が制限されています。また、やむを得ず建築が許可されるものについても都市計画法に定めがあるほか、自治体の判断で許可の基準を定めていることがあります。

▶▶市街地開発事業

市街地開発事業は、先ほどの都市施設の整備と合わせて、宅地の利用増進等を行う事業です。

都市計画公園を「点」の整備、都市計画道路を「線」の整備として捉えると、市街地開発事業は土地区画整理をはじめとした「面」による整備と考えるとイメージしやすいでしょう。

市街地開発事業では、大規模な権利移転が伴うことが多く、事業総額も大きくなることから、長期に渡る事業になることが少なくありません。

このような場合には、前任者である上司や先輩からの事務引継や交渉記録が極めて重要になります。このため、「私はこの事業が完了するまで担当することはできないだろう」という認識のもとで、常に後任へ引継ぐ意識を持って仕事に臨んでください。

▶▶景観形成

景観形成に関する仕事は、都市計画担当が担っている場合と他の部署が担っている場合があります。

現在、全国の多くの自治体では、地区計画を定め、その自治体独自の地区整備計画による景観形成が進められています。この地区整備計画の中には、景観や屋外広告物の規制を定めることもできます。

今後も地区計画により、総合的なまちづくりを進める自治体が増えていくことが予想されることから、ぜひ皆さんも景観法や屋外広告物法に基づく仕事についての理解を深めておくとよいでしょう。

▶▶心配いりません！

このように都市計画担当の仕事は、とても幅広い内容になります。また、①から⑤までの仕事は、それぞれ奥が深いため、本書で概要を把握した上で、他の書籍に目を通したり、先輩職員等にアドバイスをもらったりするとよいでしょう。

都市計画は、自治体ごとに100点満点の答えが1つだけあり続けるというものではありません。社会経済情勢を踏まえつつ計画を策定・決定し、かつ必要に応じて見直していくことが重要になります。

そのため、まずは本書に目を通していただき、全体を理解してから個々の内容を深く理解することを強くお勧めします。

これをコツコツと繰り返すことにより、皆さんもいつの間にか「頼れる都市計画担当」になることができるでしょう。

1 2 ◎…都市計画担当の1年

▶▶都市計画担当の1年

都市計画担当が行う仕事は、毎年同じ内容とは限りません。特に、都市計画決定や都市計画マスタープラン策定業務等は、長くても２～３年間で終了するため、主な仕事は毎年変わってしまいます。新規に制定する条例や規則があれば、それも大きな仕事になりますし、顧問弁護士に相談しなければ解決できない問題を扱う仕事もあるでしょう。

予期せぬ仕事にも柔軟に対応していくためには、ある程度の年間スケジュールを見通して仕事を進めることが大切です。その際には、①定例業務、②非定例業務、③議会対応の３つを考えてみるとよいでしょう。

皆さんが都市計画担当の部署に配属されたら、これらの３つをできるだけ早く把握し、都市計画担当の１年の全体像を捉えてみてください。

ここでは、ある都市計画担当の１年間を眺めることにしましょう。

▶▶4～6月

①定例業務では、新年度に予算措置された契約事務を速やかに執行します。各種の委託業務の中には、測量や設計だけでなく、通年で委託する道路用地の除草や側溝清掃があるでしょう。都市計画事業については、社会資本整備総合交付金等の国庫補助金の交付申請を行っていた場合には交付決定があるため、これに合わせた予算執行を行います。また、早期に発注しておきたい工事については、年度当初から設計書の作成にとりかかり、早めの入札期限に間に合うよう準備します。前年度から繰り越している工事については、工程をよく確認しながら工期内での完了を

目指します。

前年度分の予算については、5月末日までの出納閉鎖期間までに支出が完了するよう執行を管理します。仮決算の確認作業も始まるので、併せて確認するとよいでしょう。

次に②非定例業務の代表的なものとしては、諮問機関である都市計画審議会や景観審議会の開催があります。この時期に審議会に諮る議案がある場合には審議会を開催し、併せて委嘱状を交付します。また、年度当初には、複数の自治体で構成される道路関係の協議会事務があり、幹事会や総会等が開催されることになります。出席する首長や上司等の日程調整を図ります。

③議会対応では、6月議会が開催されますので、条例制定等の議案があれば、年度当初から早めに庁内調整をしておきましょう。

7〜9月

①定例業務では、国土交通省による都市計画現況調査が行われます。

これは、全国の都市計画に関する現況を把握することを目的として、都市計画の決定状況等の回答を依頼されるものです。調査は多岐に及ぶため、早めに関係部署へ照会する必要があります。

この調査結果については、国土交通省ウェブサイトに公表されます。当該ウェブサイトからエクセルデータをダウンロードすることにより、全国の都市計画決定状況等を調査・分析することができますので、自治体の都市計画の実務にも大いに役立ちます。

またこの時期は、新年度予算要求に先立って、社会情勢を踏まえて総合計画実施計画の見直しを行う時期になります。今後、数年間に見込まれる事業の予算等を整理し、企画・財政部門等からのヒアリングを受けます。要求漏れのないよう、しっかりと事業費計上する必要があります。

②非定例業務では、道路関係の協議会事務にて、必要に応じて法改正や予算等についての要望活動が行われます。

③議会対応では、9月議会に向けて、補正予算要求等の準備をしておきましょう。管理職には、決算特別委員会の対応があるため、都市計画

担当はその資料準備も早めに行う必要があります。

▶▶10〜12月

①定例業務では、新年度予算要求が始まります。来年度の事業内容を精査した上で、予算要求書の作成を行います。総合計画実施計画の見直し結果を踏まえて、各部局の上限枠が定められている場合が多いと思いますので、その上限枠の範囲で予算計上することになります。

新年度予算の関係では、国庫補助金の新年度予算要望が始まるほか、都道府県知事への要望活動が行われる時期になります。必要に応じて、都道府県の補助制度や予算等についての要望活動が行われます。

②非定例業務では、まち歩き等の屋外イベントを開催する場合には、涼しくなったこの時期に開催することが多くなります。熱中症予防のため、この時期に屋外イベントが集中しますが、早めに日程調整や会場手配を行います。

③議会対応では、12月議会で行う補正予算要求等の準備をしておきましょう。

▶▶1〜3月

①定例業務では、新年度予算内示があるため、早めに新年度発注業務の準備等にとりかかります。関係部署との調整が必要な新年度業務が予測される場合には、この時期にあらかじめ根回しをしておくとよいでしょう。国庫補助金による事業については、完了実績を報告します。

また、1年間を振り返りながら、万が一に備えて人事異動の引継書を着々と準備しておく時期になります。人事異動内示が出てから引継書を準備する人もいますが、年度末には業務が集中してしまうことから、できるだけ早めに準備を始めましょう。

②非定例業務では、講演会を開催する場合には、講師の選定や日程調整、会場手配の都合上、この時期に開催することが多くなるかと思います。また当該年度に完了することができず、繰越しとなる業務（工事、

委託等）がある場合には、繰越しの手続を漏れなく行います。

③議会対応では、3月議会での補正予算要求等の準備のほか、管理職には、予算特別委員会の対応がありますので、都市計画担当はその資料準備も早めに行う必要があります。

▶▶予期せぬ仕事への速やかな対応のために

都市計画担当として、予期せぬ突発的な仕事にも速やかに対応するために日頃から心掛けておきたい内容を挙げます。

①都市計画決定手続

都市計画の決定や変更を行う案件は、毎年異なります。数年前から調整してきた案件ばかりでなく、やや短期間に手続をとらなければならない案件も生じることがありますので注意が必要です。

都市計画決定の手続は、都道府県決定か市町村決定かによって手続が変わります。さらに、法定手続（縦覧や都市計画審議会等）だけでなく、自治体が判断してパブリックコメントや説明会を開催する場合があります。

また、都市計画決定に併せて、罰則付きの条例を新規制定・一部改正する場合には、検察庁協議、議会上程、住民・事業者説明会、周知等の時期についても検討する必要があります。

都市計画決定手続で最初に着手すべきことは、都市計画決定案件についてのロードマップ（全体計画）作成です。

法定手続に加えて、自治体が判断して実施する手続の全てを含めたロードマップを明らかにしておく必要があります。

このロードマップに基づき進捗を確認していきますが、変更が生じた場合には常にロードマップを見直し、最善の方法で目的を達成できるようにします。

②顧問弁護士への相談

法的な疑義があり、自治体の法規担当に相談して法律相談が提案された場合やハードクレーム対応によって公務の執行が妨げられるような場合には、顧問弁護士に相談する必要があります。

また、継続的に顧問弁護士に委任しなければならないような案件については、別途、弁護士への委託を行うことになります。

この場合には、上司からの指示に従うことにはなりますが、法規担当にも過去の事例を踏まえた対応方法について助言を求め、よく相談しながら進めましょう。

また、業務の根拠となる法令の解釈について、さまざまな書籍から効率よく学ぶ必要があります。まずは、法令逐条解説、所管例規集、判例集、実務問答集、Q＆A集等に目を通すとよいでしょう。

ただ、普段の読書だけでは記憶に残りにくいので、実務で疑問に感じた際に、適宜調べて覚えていく方法が効果的です。

また、ハードクレーム対応のように、社会通念を逸脱するような要望に対する対応策は、通常のOJTでは学べない内容がほとんどです。

身近な上司や同僚にハードクレームの経験者がいる場合には、それとなく対応方法を教えてもらうとよいでしょう。

もしも身近に経験者がいなければ、本書の巻末に挙げた参考文献をチェックしてみてください。さらに、職場にハードクレーム対応マニュアルがあれば目を通す、ボイスレコーダーで録音できる電話にする、録画可能な部屋で対応する、課内のLINEグループを作成して連絡がとり合える状況にしておく等の方法があります。

自治体や職場によって採用できる対応方法には限りがあるものの、大切なことは、平時だけでなく非常時を想定しておくことです。ハードクレーム対応は、いつ発生するかわからず、災害にも似た側面があるため、常に「明日は我が身」のつもりで意識しておきましょう。

③災害対応

地震、津波、噴火による災害のほか、夏から秋にかけては大型の台風による災害が発生することがあります。

また、昨今では、新型コロナウイルス感染拡大による対応も新たな対応業務として発生しています。

これらの災害対応は、同時に複数が発生してしまうこともあるため、私たちは常に災害を意識して業務を進める必要があります。

さらに、コロナ禍においては、従来、行ってきたような1つの会場に大人数を集めた**住民説明会**の開催が困難な状況が続いています。

全国の職員の皆さんも苦労して説明会に代わる住民周知を行っているかと思いますが、万が一に備えて、**複数の代替案**（説明資料の全戸配布、回覧板による回覧、概要をパネル展示し、担当者が説明を行うオープンハウス形式の個別説明会等）を計画して住民周知に臨むことが求められています。

また、災害対応は、災害が発生してから慌てることのないように準備しておくことが必要です。

まずは、自治体で作成している地域防災計画、総合防災マップ、水防計画、業務継続計画等に目を通して、関係する部分に付箋やマーカーをしておきましょう。

災害発生後には、ゆっくりと資料を読んでいる時間的余裕はないため、あらかじめ所管事務に関係する部分を見つけやすいようにしておくことが肝要です。

台風進路等は、精度良く数時間後の状況を予測できます。スマホに防災アプリ等をインストールし、雨雲レーダーをチェックしたり、注意報や警報が発令された際に通知を受信できるように設定しておきましょう。

これらの詳細については、後ほど、第2章の2－8でお伝えします。

1 3 ◎…都市計画担当必読の書

▶▶都市計画図

都市計画担当になった皆さんに、まず最初に目を通してほしいものがあります。それは、都市計画図（写真１）です。皆さんは着任後、すぐに窓口や電話で用途地域照会等の都市計画に関するお問い合わせを受けることになります。そこで、都市計画図を折りたたんで机の中にしまっておき、いつでもすぐに開くことができるようにしておきましょう。

この都市計画図には、着色された用途地域、都市計画道路や都市計画公園等が示されています。用途地域に関連する内容としては、建蔽率や容積率も示されているでしょう。

写真１　都市計画図の一例

（全体）　　（伊勢崎駅周辺の拡大）

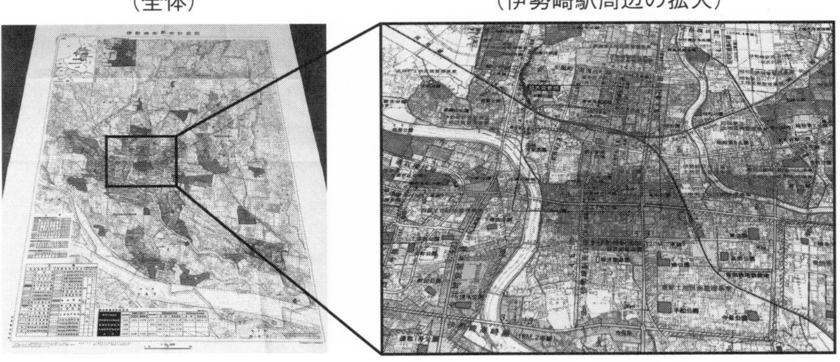

この都市計画図の内容を詳細まで覚える必要はありませんが、およそのイメージがつくまで、毎日繰り返し見ることをお勧めします。

そして、もう一歩踏み込めるようであれば、都道府県が作成している都市計画図も折りたたんで一緒にしておくことをお勧めします。自治体の範囲を超えた広域の都市計画に関する問い合わせもあるため、近隣自治体の都市計画や都道府県レベルの都市計画についても、およそのイメージを持っておければベストです。

▶▶都市計画マスタープラン

都市計画担当になった皆さんは、所属している自治体が策定した都市計画マスタープランを熟読しておく必要があります。

先ほどの都市計画図は、この都市計画マスタープランの内容を踏まえて、最新の都市計画決定が反映されています。

例えば、伊勢崎市が令和３年８月に改定した都市計画マスタープランでは、各章が「計画の概要」「都市づくりの課題」「都市づくりの目標」「都市づくりの方針」「地域づくりの方針」「都市計画の指定・見直し方策」「計画を推進するために」のとおり構成されています。

都市計画マスタープランを読む上では、将来都市構造図やこれを踏まえた土地利用方針図を確認し、前述の都市計画図との違いを把握しておくとよいでしょう。

両者の違い、つまり都市計画マスタープランに示しているものの、まだ最新の都市計画図に反映されていない内容が、皆さんの都市計画実務の重要なポイントになってくるはずです。これらの違いに相当する都市計画を決定し、新たな都市計画の内容を追記したり、逆に廃止して削除したりするのです。

そして、もしも皆さんの自治体で立地適正化計画や景観計画を策定済みの場合には、これらの関連計画にもざっと目を通しておきましょう。これらは、都市計画マスタープランの関連計画ですので、詳細まで覚える必要はありませんが、章構成をはじめとして、全体の概要をイメージしておくようにしましょう。

▶▶ウェブサイト公表資料

皆さんが人事異動内示を受けて都市計画担当になることが決定したら、その部署が公表しているウェブサイトでの公表資料にも目を通しておきましょう。

都市計画の決定は、諸手続を経る必要があるため、一定の時間を要します。この都市計画決定手続の中には、説明会、パブリックコメントによる住民意見反映措置、縦覧、都市計画審議会等、ウェブサイトにより最新の情報を公表している場合があります。

都市計画担当になる人事異動内示が出たら、その異動日を待たずにウェブサイトを確認しておき、異動後に担当することになる可能性がある都市計画担当の事務を把握しておくとよいでしょう。

また、ウェブサイトには、窓口事務、許可申請手数料や申請様式等が公表されています。これらをあらかじめ閲覧しておくことで、異動後の所掌事務の内容を早めに理解することができます。

▶▶所管例規

皆さんは、都市計画担当の部署が所管している例規（条例、規則、要綱等）がいくつあるか知っていますか？

もし、まだ知らないようでしたら、上司や先輩に相談して、全ての所管例規を教えてもらうとよいでしょう。

自治体の事務の根拠は、法律のほか、所管する例規に規定されています。罰則付きの都市計画制限や許可申請手数料、都市計画審議会に係る条例及び規則等が代表的なものです。

例えば、窓口や電話の問い合わせで「なぜこのような建物用途制限を受けるのですか？」とか、「私は何を根拠にこのような手数料をとられるのでしょうか？」等の質問を受けた際に説明責任を果たす意味でも、まず所管例規をしっかり読んで理解しておくことが重要になります。

最初は、理解しにくい条文もあるかと思いますが、問い合わせの度に読み返すことで、すぐに記憶がよみがえるようになります。

どうしてもわかりにくい条文には、手書きで解説を書き込む等の工夫をして、問い合わせの際に答えやすくなるための準備をしておいてください。

▶▶予算書

都市計画担当の部署に着任したら、係長から今年度の予算書の写しをもらいましょう。この予算書を見ることで、今年度に処理しなければならない事務の概要を知ることができます。

例えば、都市計画マスタープランを策定している自治体のケースを考えます。この策定業務を委託している場合、都市計画マスタープラン策定業務委託料が予算計上されているはずです。また、説明会のための会場費用や都市計画審議会の委員報酬等も計上されているでしょう。

予算書に記載されている内容を把握できれば、前任者からの引継書と見比べながら、「なるほど、○月頃にこの予算を執行して仕事をするのか」という明確なイメージを持つことができます。また、予算の不足が予測できた段階で、早めに補正予算措置を準備できるでしょう。

係長になると、必ず予算作成に携わることになります。都市計画担当になった段階で、早めに予算書にも目を通し、予算を把握する練習をしておきましょう。

▶▶議会会議録

都市計画担当の仕事は、住民に義務を課し、権利を制限することも多いため、議会議員、区長、住民、事業者をはじめとした関係者から質問を受けることがあります。

質問の内容は、ここ数年間の内容だけではありません。過去数十年前に遡った内容を質問されることもあります。都市計画の実現には多くの時間を要するため、質問の中には数十年間に渡る長期未着手の都市計画道路事業や土地区画整理事業もあるでしょう。

予算の都合上、なかなか開始されない事業や反対者がいるため順調に進捗しない事業もあるかもしれません。

このような質問にも的確に答えるためには、過去の議会会議録に目を通しておくとよいでしょう。近年では、ウェブサイトで公開している自治体も多いので、これを利用して想定問答集を作成してしまうことをお勧めします。

少なくとも過去５年分くらいの議会会議録には目を通し、懸案事項などの議会答弁を把握した上で対応するように心掛けましょう。

▶▶都市計画制度のウェブサイト

国土交通省では、都市計画制度の概要についてパワーポイントの資料をウェブサイトに公表しています。

都市計画法制、土地利用計画制度、都市施設計画、都市の緑化、開発許可制度、都市計画と環境、立地適正化、景観行政、屋外広告物行政、歴史まちづくり行政の10種類の制度概要を効率的に学ぶことができます。また、内容は随時更新されており、法改正による情報も反映されていますので、最新版に目を通しておくことをお勧めします。

〈ウェブサイト〉
国土交通省「都市計画制度の概要」
https://www.mlit.go.jp/toshi/city_plan/toshi_city_plan_tk_000043.html

▶▶各種の運用指針等

国土交通省は、各種の運用指針等を定め、ウェブサイトに公表しています。この指針は、国として、都市計画制度をどのように運用していくことが望ましいと考えているか、また具体の運用はどのような考え方によって想定されているか等の原則的な考え方を示すものです。法令には書かれていない、実務に役立つ内容がたくさん記載されています。

〈ウェブサイト〉

国土交通省「第 11 版　都市計画運用指針」
https://www.mlit.go.jp/toshi/city_plan/crd_city_plan_fr_000008.html

国土交通省「開発許可制度運用指針」
https://www.mlit.go.jp/toshi/city_plan/toshi_city_plan_tk_000011.html

国土交通省「都市公園法運用指針」
https://www.mlit.go.jp/toshi/park/toshi_parkgreen_fr_000037.html

国土交通省「都市緑地法運用指針」
https://www.mlit.go.jp/toshi/park/toshi_parkgreen_fr_000032.html

国土交通省「土地区画整理事業運用指針」
https://www.mlit.go.jp/toshi/city/sigaiti/toshi_urbanmainte_tk_000037.html

国土交通省「景観法運用指針」
https://www.mlit.go.jp/toshi/townscape/toshi_townscape_tk_000038.html

国土交通省「屋外広告物条例ガイドライン」
https://www.mlit.go.jp/toshi/townscape/toshi_townscape_tk_000024.html

1 4

◎…都市計画担当に欠かせない３つの力

▶▶3つの力

都市計画担当に必要な「力」とは何でしょうか。

最も重要な力として、ここでは①展望力、②連携力、③協働力の３つを挙げておきます。

都市計画担当は、現在の社会経済情勢を把握することはもちろん、将来を展望した上で計画をしていかなければなりません。もしかしたら、皆さんが定年を迎えるまでに成果を実感することができない計画もあるかもしれません。それほど都市計画の実現には時間がかかることも多いのです。

しかしながら都市計画は、民間企業が全てを担うことができない、自治体による事務の最たるものであり、自治体の将来を計画する最も重要な仕事の１つといえます。

都市計画は、大きな責任感とやりがいを感じられる仕事であることは間違いないのです。

▶▶展望力

まず最初に挙げるのが「展望力」です。

都市計画は、その名のとおり都市を計画する仕事ですが、現在だけではなく、将来の都市を見据えて考えることが求められます。

都市計画担当の仕事を進める上では、窓口や電話の対応等に追われ、なかなか長期的な視点で都市計画を考える余裕はないかもしれません。しかし、ここで大切なことは、少しでも時間を見つけて、上位計画や分野別の計画に目を通すことです。国の計画や近隣自治体の計画も早めに目を通すとよいでしょう。

都市計画は、その他のさまざま計画とも関連しているため、タテ（上位計画、下位計画）・ヨコ（近隣自治体の計画）の双方向を意識しながら、計画を知っておくことが重要です。

皆さんが、いきなり都市計画マスタープラン策定の担当者に大抜擢されるかもしれません。

ぜひ、都市計画という、長期的な視点に立った計画を策定するための展望力を身につけておきましょう。

▶▶連携力

次に挙げるのが「連携力」です。

都市計画区域は、その自治体の行政区域の範囲を超えて、複数の自治体の範囲に連続していることも少なくありません。

このため、広域的な視点を持ちつつ近隣自治体の都市計画を把握し、場合によっては近隣自治体と連携しながら都市計画担当の事務を進めていく必要があります。

また、皆さんが担当する都市計画の仕事で、新規に策定（制定）する計画や条例がある場合には、近隣自治体へのアンケート調査やヒアリング調査が成功のカギになります。

これらの調査の際には、ぜひ近隣自治体の都市計画担当者に苦労話や現在の評価（「実はこうすればよかった」「次回はこうしたい」「これだけはやめておいたほうがよい」など）を聞くようにしてください。

もう少し欲をいえば、近隣自治体の都市計画担当者と連携しながら、お互いにわからないことは何でも相談できるような関係性を築くように意識してみてください。

きっと都市計画担当の仕事が楽しくなります。

▶▶協働力

最後に挙げるのが「協働力」です。都市計画は多様な主体と協働しながら進める必要があります。

例えば、都市計画マスタープランの策定では、各団体から推薦を受けた委員や公募による委員等、多種多様な方々との協働の場を経験することになります。

その際には、自らが協働の橋渡し役やファシリテーター役を担当してみてください。もちろん書籍等で学ぶことも大切ですが、実際に自分で行動してみることで初めてわかることが多々あります。

ぜひ、そのような機会に恵まれた場合には、自分を成長させる機会でもあると思って、恥ずかしがらず積極的に挑戦してみてください。

第2章

都市計画担当の心得

2 1 ◎…「１枚の地図」にひたすら書き込む

▶▶即座に場所を把握できるようになる

都市計画の仕事を進める上で、その都市の土地勘をつかんだり町名を覚えたりすることはとても重要です。

都市計画担当の職場に着任すると、すぐに電話や窓口で具体的な地域の法規制や建築行為等に関する諸手続についての問い合わせを受けることになるからです。

また災害時には、さまざまな要望や苦情を受ける中で道路や河川等の災害対応にあたることになるため、即座に場所を把握できないと速やかな対応ができなくなってしまいます。

20年前の私と同じく、住んだことのない都市の都市計画担当になってしまった人もいるかと思います。また、昔から住んでいるものの、詳しく知っているのは限られた範囲だけという人もいるでしょう。そこで、実務に役立つお勧めのノウハウをお伝えします。

▶▶観光マップの準備

まず都市計画担当の部署に着任したら、たくさんの情報を書き込むことができる大きな地図を用意してください。

できれば、観光名所や公共施設の名称等がたくさん記載されている観光マップを入手できればベストです。

観光名所や公共施設の名称等があらかじめ記載されていない場合、それらを全て自分で書き込まなければならないため、都市計画図等ではなく「観光マップ」を用いることをお勧めします。

これは、電話や窓口等で問い合わせを受けた際、速やかに近くの場所を見つけたり、来訪者に目印を伝えたりする際の強力な武器になります。もし、皆さんの自治体で観光マップを作成していたら、担当課にお願いして、1部を入手してください。

そして、その観光マップを折りたたんだら、写真2のように広げ、その裏面の折り込み部分を製本テープでしっかりと補強しましょう。

なぜかというと、都市計画担当の職場では、折りたたんだ地図を常に開閉するため、折り込み部分がすぐに破けて、裂けてしまうからです。

写真2　観光マップ裏面の製本テープ補強

▶▶ひたすら書き込む

観光マップ等の地図が準備できたら、これにたくさんの情報を書き込むため、あらかじめ自分なりのルールを決めてください。黒1色で書き込んでしまうと、何の情報が書き込んであるのかが一目ではわからなくなってしまうからです。

そこで私は、道路工事現場は赤色、冠水・湧水注意箇所は紺色、用水路は水色、土地区画整理事業区域は緑色等、書き込む情報に応じて色を使い分けています。

例えば、着任後に工事中の都市計画道路の現場をすぐに赤色で書き込みます。問い合わせを受けた場合、この観光マップを見れば近くの目印がすぐにわかりますし、何らかの苦情を受けた場合でも、道路工事が原因となっている可能性があるかどうかをある程度予測できます。

災害時にも効果的です。過去に冠水被害のあった場所かどうかをすぐに把握できますし、係員を集めて情報共有する際にも大いに役立ちます。

▶▶観光マップを係の打ち合わせで利用する

また、ぜひこの観光マップを活用して係の打ち合わせを開催してみましょう。これには３つの大きな意味があります。

①書き込んできた情報を他の職員と共有する

１枚の地図に書かれている複数の情報を一目で理解することができるので、「そうだったのか！」という大きな気づきを与えることができます。逆に、他の職員から貴重な情報を得ることもあります。

②書き込みを他の職員にも真似てもらう

自分だけが地道な書き込みを繰り返すのではなく、良い行動を積極的に同僚にも伝えてください。同僚が書き込んだ多様な経験のシェア、そしてこれらの経験シェアを活かした実務を通して、都市計画担当の能力向上がより一層加速します。

③業務マニュアルの作成に役立てる

優れた職場には、優れた業務マニュアルが存在します。この業務マニュアルを作成する際にも、たくさんの情報が書き込まれている観光マップの存在が多いに役立ちます。

▶▶異動してからも書き込みを継続する

観光マップへの書き込みは、人事異動後も継続することが重要です。部署が変わってからも、書き込みを続けましょう。

私は、都市計画課を離れて土木課に異動してからは、行政区の区長から要望書が提出された道路（しばしば「陳情道路」と呼ばれます）の未着手路線を全て書き込みました。これにより、今後の着手が見込まれる陳情道路を全て把握することができました。

書き込む内容は、どんな些細な情報でもよいのです。皆さんが書き込んだ量が多ければ多いほど、**実務経験の積み重ね**が確認できるようになります。ぜひ明日から、いや今日から、１枚の地図にひたすら書き込むことを実践してみてください。

いつの間にか、絶対に手放せないお宝の地図になりますので、日々、楽しみながら書き込んでみてください。

2 | 2

◎…未来を見据えた「長期的な視点」で対応する

▶▶長期的な視点で考える

都市計画担当となった皆さんは、都市計画法や都市計画運用指針を読み込むと、長期的な視点で考えることの重要性を感じると思います。

例えば、「都市計画区域マスタープランにおいては、おおむね20年後の都市の姿を展望した上で都市計画の基本的方向が定められることが望ましい。」や「おおむね10年以内に優先的かつ計画的に市街化を図るべき区域を市街化区域とし」等の10年単位を見据えた記載があります。

また、都市計画基礎調査についても「おおむね5年ごとに、……調査を行うものとする。」とされています。

つまり、都市計画担当には、未来を見据えた「長期的な視点」で対応することが求められるのです。

特に、自治体の都市計画担当は、都市計画マスタープランの策定を担当することになるため、私の経験を踏まえて留意点を挙げておきます。

▶▶段階を経ることも想定する

私は、平成15年に新規採用職員として自治体の都市計画担当になってから、令和4年で20年が経過することになります。

都市計画に求められる「おおむね20年後の都市の姿を展望した上で……」という期間が、実際に経過しました。

過去20年間を振り返ってみると、社会経済情勢の変化が非常に大きく、果たして20年前に現在の状況が展望できていたかというと必ずしもそうではありません。

さらに、20年前には存在していなかった都市計画制度も新設され、景観計画や立地適正化計画等によるきめ細かい都市計画制度を使いこなすことが求められています。

これらのことは、全く想定できていませんでしたし、今後の20年間も私たちが想定していないような大きな変化があるだろうと考えています。

このため、都市計画担当は、未来を見据えた「長期的視点」で対応する必要がある一方で、**長期的な方針に併せて、短期的な方針を示すことも検討しておくべきです。**

伊勢崎市が令和3年8月に改定した都市計画マスタープランでは、長期的な20年後の方針に併せて、短期的な10年後の方針を示しました。長期的な方針だけでなく、近い将来である短期的な方針を示すことで、都市計画マスタープランを読む人たちにとっても、より現実的なものとして理解できる効果もあります。

■伊勢崎市都市計画マスタープラン（抜粋）

第6章　都市計画の指定・見直し方策

1．基本的な考え方

本市の都市計画区域の現状･課題を踏まえ、次の方針により、区域区分･地域地区などの都市計画の指定・見直しを進めます。

◇長期的な視点では、総合的かつ一体的な都市の整備、開発及び保全を行うため、1つの都市計画区域への統合及び区域区分の導入を目指します。

◇その過程においては、赤堀都市計画区域と東都市計画区域を1つの非線引き都市計画区域として統合することを検討します。

◇また、メリハリのある土地利用を都市計画の運用により着実に推進するため、現行の都市計画制度及び本市の区域区分と地域地区等の中で短期的に実現可能な方策を段階的に実施します。

（以下、省略）

▶▶コロナ禍における都市計画手続の難しさ

コロナ禍では、都市計画担当の事業を推進する上でもさまざまな影響が生じました。

緊急事態宣言等により、大人数を1か所に集める住民説明会の開催は、延期や中止を余儀なくされています。

また、住民説明会に替えて、やむを得ず説明資料を全戸配布や全戸回覧に変更した例もあります。

住民の健康を第一に考えれば、これらの対応は極めて重要です。

しかしながら、住民説明会に替えて全戸配布や全戸回覧を行うためには、新たな予算措置が必要な場合も多く、速やかな対応が困難となることも多いのが現実でしょう。

このような状況下で、都市計画担当に求められる実務ノウハウとしてはどのようなものがあるのでしょうか。

▶▶住民周知文書では、「〜以降」を意識的に加える

私が20年前に都市計画担当として事業を進めていた頃は、住民周知文書にはできるだけ事業実施時期として「〜頃」と記載し、おおむねの時期を明確にするよう上司から指導を受けたものです。

確かに、自治体から発送する住民周知文書では、その事業実施時期をできるだけ明確にお伝えすることが重要であることは今でも変わりません。その前提で、コロナ禍のように事業の延期や中止が頻繁に生じる状況下における実務ノウハウをお伝えします。

それは、近年の住民周知文書で事業実施時期を記載する場合、遠い将来であればあるほど、また前倒しの可能性が少なければ少ないほど、「〜頃」ではなく「〜以降」を意識的に加えることです。

例えば、「令和10年頃」と記載する予定であった住民周知文書は、「令和10年以降」に修正して発送します。それはなぜでしょうか？　皆さんも万が一、コロナの影響でこの事業が延期となり、令和13年に変更となってしまった場合を想定してください。

「令和10年頃」という周知の場合は、誤報との苦情を受ける可能性があります。

しかし、「令和10年以降」であれば誤報ではありません。

正確な時期のお知らせができるようになったら、再度、住民周知文書を発送すればよいのです。

近年の私の経験では、実際にこの実務ノウハウに助けられた事例が増えてきています。

都市計画担当の事業では、住民に義務を課し、権利を制限することが多いため、誰もがその事業実施時期を気にしています。

皆さんが作成する文書の中でも、ぜひ「～以降」を意識的に加えてください。

きっと、住民から信頼される都市計画担当になることができます。

2-3 ◎…他部署に配慮した「全庁的な視点」で行動する

▶▶他部署への業務の影響は大きい

都市計画担当となってしばらく経験を積むと、都市計画担当の業務が他部署に与える影響の大きさに気づくことになります。これは、都市計画マスタープランが総合計画に即しており、他の多くの分野別計画とも関連していることからも理解できます。

都市計画担当の業務には、都市計画現況調査等の調査業務、都市計画決定業務、道路、公園や土地区画整理事業等の業務のほか、代表的な業務のほとんどが他部署との連携を要するという特徴があります。

▶▶調査業務は先手で根回しする

調査業務を円滑に進めるノウハウは3つあります。

①先に根回しする

自分の課または部だけでは調査の回答が作成できない内容から先に根回ししておきましょう。極端な話ですが、自分の課だけで回答を作成できる調査内容は、期限ぎりぎりに着手してもさほど問題ないのです。

他部署に照会をかけて、その回答を待たなければ進捗しない調査業務から、速やかに根回しを開始しましょう。「こんな調査を行う予定があります。後日、送信しますので、よろしくお願いします」。まずは、これだけお伝えしておくだけでも OK です。

②経緯等を説明しておく

細かい経緯や補足事項を伝える必要がある場合は、できるだけ他部署にも説明に行きましょう。電話連絡でも十分です。

対話によって共通認識を持つことができれば、余計な手戻りを回避できますし、結果的に円滑な業務につながる場合が多いからです。

③余裕を持った回答期限を設定する

ある程度、他部署の回答期限を長くとることも重要ですが、皆さんが集計後に調整することができる余裕を持った回答期限を設定しましょう。

回答内容に疑義や不備があったり、他部署同士の調整や再確認が必要になったりする場合に備えて、集計後にも調整ができる期限を設定しておく必要があります。

▶▶常に業務の影響を考えて動く

都市計画決定や事業実施に際しては、常に他部署への影響を意識して「全庁的な視点」で行動することがポイントです。

自分が所管している業務だけがうまくいけばそれでよいということではなく、その業務が他部署の業務に与える影響を考えながら、そして常に関連業務に興味を持ちながら業務を進めてください。そうすれば、きっと全庁的に信頼される都市計画担当になります。

ここでは、3つのノウハウをお伝えします。

①関連業務に気を配る

都市計画決定は、他の係や課の業務にも影響を及ぼすことがありますが、新任の都市計画担当がこれに気づくことは極めて困難です。

もし皆さんが心配に感じたら、「この都市計画決定によって、他の関連業務に影響が生じますか？」と先輩や上司に相談しましょう。

例えば、市街化編入によって市街化区域の面積が増え、これに伴い用途地域の面積も増えた場合を考えます。

伊勢崎市の場合、景観計画に定める「市街地景観」の範囲は、「用途地域が指定されている区域」としています。このため、都市計画の担当者は、用途地域の面積が増える見込みを景観計画の担当者に伝えておく必要があります。逆に、景観計画の担当者は、今後の都市計画の変更の見込みを都市計画の担当者に適宜、確認しておく必要があります。

また、単なる用途地域の変更だけがあった場合でも、注意が必要です。

伊勢崎市の場合、屋外広告物条例に定める許可地域は2種類あり、第1種許可地域と第2種許可地域に分かれます。これは、「用途地域の種別」に連動しています。そこで、都市計画の担当者は、先ほどの例と同じく、用途地域の変更の見込みを屋外広告物条例の担当者に伝えておく必要があります。逆に、屋外広告物条例の担当者が、今後の都市計画の変更の見込みを都市計画の担当者に適宜、確認しておくのも同様です。

こうしたことから、都市計画担当は、自らの業務だけでなく、関連業務にも気を配り続ける必要があるのです。

②庁内アンケート調査を行う

近年、事例がなかった業務や初めての業務の場合には、積極的に庁内アンケート調査を実施するのがお勧めです。

例えば、土地区画整理事業における換地処分時期の調査等が挙げられます。換地処分が行われた場合には、町名、町界、地番が変わってしまうこともあります。この換地処分はいつ行うのが適切でしょうか。

町名、町界、地番が変更になれば、住民票に係る事務、固定資産税に係る事務、選挙が見込まれる時期であれば選挙事務にも影響が生じるなど、その影響は大きいでしょう。換地処分の時期によって、他部署の事務に支障をきたすことが明らかであれば、当然その時期を避けて計画するべきです。

都市計画担当には、こうした他部署への影響も考慮して、庁内アンケート調査を行った上で慎重に対応することが求められます。

③工事発注関係課と調整する

皆さんが工事を発注する際、全庁的にはどのようなことに注意するべきでしょうか。

都市計画道路や区道を整備することになる土地区画整理事業のほか、街路事業等では、都市計画担当が発注する工事だけではなく、他の工事発注関係課と工程の調整を図ることが求められます。

道路整備に必要な用地が確保されたとしても、その範囲内に上水道、下水道等の新設や切回しが必要になることがあります。

この場合は、せっかく新設した舗装を壊して上・下水道を整備することのないよう、道路整備を最後までは完成させない方法をとることがあります。

具体的には、上・下水道を所管する課が発注する工事が完了するまでは、道路の路盤（舗装の下の部分）までを仕上げておき、上・下水道が整備された後で舗装を仕上げるという工程になります。

このため、道路を整備する場合には、その道路の範囲内で予定されている他の工事発注関係課と十分に調整を図っておく必要があります。

2 4 ◎…重要な文章は寝かせて「熟成」させる

▶▶文章作成に自信がありますか？

都市計画マスタープラン策定等の業務では、計画書に記載する文章を作成する必要があります。また、管理職の場合には、議会答弁書や他団体等からの要望書への回答を作成する機会もあります。

いつも皆さんが作成している文章は、住民や事業者にも十分に伝わりやすい内容になっていると自信が持てますか？

文章作成の技術は、日頃の読書や日記の執筆によっても上達しますが、私が実践している実務ノウハウを紹介します。

▶▶完成度の高い文章を残すために

完成度の高い文章を残すためには、必ず①～③までの３段階の文章作成ステップを経ることをお勧めします。

①文章を直感で書き、しばらく机の中にしまっておく

まずは、直感で文章を書いてしまいます。この時点では、一切、推敲しません。直感で書いた文章には、自分の心の奥底にある想いがにじみ出している場合が多く、その後に推敲してもさほど変わらない部分も多いのです。

また、この段階での推敲には、あまり効果がありません。熱い想いで直感的に書き終えた段階では、まだ自分自身の文章を主観的にしか読めず、他者が読むと違和感を感じる部分に気づくことができません。

このため、しばらく原稿を机の中にしまって、目につかないように放

置し、寝かせておきます。

②頭の中では考え続ける

原稿を机の中にしまってからも、頭の中ではぼんやり考え続けます。直感で書いたときの文章とは異なり、イメージがぼやけて滑らかになってきます。直感で書いた文章の単語が置き換わり、より適切な単語になっていったりします。この期間を２～３日置くことによって、直感で書いたときとは別人のような視点で原稿を読むことができるようになります。期限が短い場合には、１日だけでもよいので、原稿を寝かせる時間をとってみてください。

③原稿を読み返し、冷静に推敲する

熱い想いが冷めてきて、冷静な目で推敲できると思ったら、さあ、いよいよ机の中から原稿をとり出してみましょう。再度、原稿を読むと「あれ、何だこれ？　文章がおかしいな……」そう感じるはずです。数日前、熱くなって直感的に書いた文章の落ち度が、はっきりと見えてきます。

多くの場合、熱くなって書き上げた文章をそのまま提出すると、たくさんの落ち度が見つかります。原稿を２～３日放置して、冷静かつ客観的に原稿を読めるようになってから、「第三者にどう読まれるか」を意識して推敲すると、このような失敗を避けることができます。

▶▶客観的な目で推敲する

直感で書き上げてから直ちに推敲する人もいるかもしれません。個人差があるかもしれませんが、熟成させる期間を置くつもりで、客観的な目で読める状態になってから推敲することをお勧めします。

都市計画マスタープラン等の計画書は、住民や事業者のほか多くの人が目にする重要な資料です。また、長期的かつ広域的に読まれる資料でもあります。客観的に読みやすい文章になるように心掛けましょう。

2 5 ◎…「相手の立場」になりきって交渉に臨む

▶▶「自分」は自分自身？　それとも相手？

私は、大阪府泉佐野市に6年間ほど住んでいたとき、言葉による文化的な違いを感じたことがありました。

その言葉とは、「自分、めっちゃおもろいやん！」です。

私は、それまで関西に住んだことがなかったため、最初にこの言葉を聞いたとき、その意味がよくわかりませんでした。しかし、6年間ほど聞き慣れると、これは相手に対する最高の褒め言葉であることがわかるようになりました。

何をお伝えしたいかというと、この言葉でいう「自分」とは、相手を指しているということです。

関東で「自分」と言う場合には、文字どおり自分自身のことを指します。しかし、いつも相手を楽しませ、相手への気遣いを忘れない関西の人たちの間では、「自分」を相手の意味で使うことがよくあります。

つまり、「自分」とは、自分自身のことではなく、相手のことだと認識する文化があるということです。

皆さんは、都市計画担当の仕事をしているとき、自分本位で仕事をしてしまっていませんか？　「相手の立場」になりきれてから交渉できていますか？　用地交渉や補償交渉等、さまざまな交渉をするときに、相手のことを「自分」と思えるようになってから臨めていますか？

この問いは、私が講演会や研修会の講師を担当するようになってからも役立つことが多く、部下にもよく話す重要な心構えです。

▶▶「相手の立場」になりきれていますか？

相手の反応は、自分自身を映し出す鏡です。

交渉に際しては、都市計画担当が説明しなければならない内容のみを伝えるのではなく、相手がその内容を受け止めた際に、どのようなことを考えるか、どのようなことを質問するかを十分に想定しておくことが重要です。自分自身を振り返ってみても、交渉相手が納得しなかったケースでは、準備が甘かったと反省する場合がほとんどです。

例えば、都市計画担当が補償交渉や用地交渉に臨む際には、物件移転補償費、用地取得費、工事着手予定時期等、自らの実務の検討結果を伝えることだけに注力してはなりません。相手の立場に立って、相手に買取証明書が到着する時期、それを使用することになる確定申告の時期、登記が完了する見込みの時期等、相手が心配するであろう内容までしっかりと説明して、納得を得ることを心掛けましょう。

▶▶より「相手の立場」を重視する時代に

皆さんが、講演会や研修会に参加した際も、本当に良かったと感じるのは、有益な内容だったときや、求めている情報が得られたときでしょう。講演会や研修会の内容そのものの完成度よりも、それを受講した相手にとってどうだったかが問われるのです。

昨今、多くの自治体で取組みが盛んなDX（デジタルトランスフォーメーション）、スマートシティ、押印廃止等も、電子化が主流となった「相手の立場」重視の時代にふさわしい取組みとして今後も深化していくでしょう。

「自分」とは相手のこと。自分自身の準備が整っただけで、相手の立場に立った準備ができていないときは、まだ実は半分しか準備できていないのです。「相手がどう思うかまで考え、準備できた上で交渉、講演会、研修会に臨めている状況だろうか？」。そのように自問しながら、「相手の立場」重視で幅広く対応できる都市計画担当とはどうあるべきかを意識して行動しましょう。

2 6 ◎…「木を見て森も見て」工事を監理する

▶▶工事を担当することになったら

自治体の都市計画担当になった皆さんは、工事発注や監督職員を経験することになるかもしれません。

「私は、事務職で入職したから工事を担当することはないと思います」

全国の都市計画担当の中には、このように話していたものの、その後、工事発注や監督職員を担当することになった職員が少なからずいます。

自治体によっては、職員の人員削減が進む中で、職員に数多くの分野を経験させることで行政運営をより円滑に進めていくねらいがあるのかもしれません。また、技術系職員の確保が難しい場合には、事務系職員による人員配置等を考えていかなければならない事情もあるでしょう。

では実際に、新規採用職員や工事とは無縁の事務ばかりを経験してきた職員が工事を担当することになった場合、どのような心構えで実務を進めていけばよいのでしょうか。

▶▶施工管理と施工監理は違う

工事を受注した施工業者は、施工管理担当者を定めて工事の施工を**管**理します。この施工管理には、工程管理、出来形管理、品質管理、安全管理等が含まれます。

一方で、工事を発注した皆さんは、監督職員として施工を**監**理することになります。工事の管理ではなく、発注者として監理するのです。

自治体の都市計画担当が行うのは、管理ではなく監理。これは一体、何を意味するのでしょうか。

例えば、国土交通省が定めている「工事監理ガイドライン」では、工事監理について、「その者の責任において、工事を設計図書と照合し、それが設計図書のとおりに実施されているかいないかを確認することをいう。」と定義しています。もう少し具体的に説明すると、工事現場の状況を把握するとともに、設計図書（設計書、図面及び仕様書）、請負契約書、請負契約約款や関係法規に基づいて、工事の監理を行います。

そして、工事の進捗に応じた立会検査や最終的な完成検査を行い、必要に応じて指示、承諾や協議を行いながら監理します。設計変更や補正予算要求等の対応が求められる場合は、上司や先輩等に報告・連絡・相談しながら進めましょう。

▶▶木を見て森も見て

全く工事を担当したことのない都市計画担当が、すぐに施工業者の監理を行うことは難しいでしょう。このため、上司や先輩等と一緒に行動しつつ、実務のポイントを教えてもらいましょう。

また、工事現場や施工機械のイメージが全く持てない人には、積極的に工事現場へ足を運ぶことを通して、まずは具体的なイメージを持てるようになることをお勧めします。工事現場が少ない、もっといろいろな工種を学びたいという人には、『改訂６版　写真でみる土木工事の施工手順　土木施工の実際と解説　上巻・下巻』（一般財団法人建設物価調査会）がお勧めです。国土交通省の土木工事標準積算基準書に示されている多数の工種について、写真や図を用いて解説しているので、参考にしてください。

また、工事現場に足を運ぶ際には、工事現場だけでなく、その周辺も確認しましょう。例えば、近隣住民が生活で利用する**生活道路や歩道への影響、振動、騒音や粉塵等**です。これらは、工事中に苦情を受けることが予測される主な内容になります。

まずは、工事という木を見ることが重要ですが、**住民目線**を忘れずに「木を見て森も見て」工事を監理することを心掛けてください。

2 7 ◎…「クリーンハンズの原則」で職場を守る

▶▶法を守る者だけが法に守られる

皆さんが担当している補償交渉や用地交渉の場面で、不当な要求などのハードクレームを受けたらどうしますか。経験の浅い業務を行う中で判断に迷ってしまうとき、どのように対応すべきでしょうか。

「もしハードクレームを受けても、絶対に屈しない」と私の信念を支えてくれているのが「クリーンハンズの原則」です。

クリーンハンズとは、直訳すれば「きれいな手」。つまり「法を守る者だけが法の救済を受けることができ、自ら不法に関与した者は法の救済を受けることはできない」ということを意味しています。私は、オンライン通信教育講座で民法を学習していた際に、この解説を学んで以降、職場でハードクレームがあった際には必ず部下にも伝えています。

法律に詳しい人であれば、民法708条の「不法原因給付」もクリーンハンズの原則に該当することがわかるかと思います。絶対に支出することができないような不正な公金の支出であるとわかっていながら、不法に手を染めて支出することがこれにあたります。

■民法

(不法原因給付)

第708条　不法な原因のために給付をした者は、その給付したものの返還を請求することができない。ただし、不法な原因が受益者についてのみ存したときは、この限りでない。

このような場合には、公務員個人としての責任が問われます。当然ながら、「今回だけは何とかなるだろう」などと考えてはいけません。

▶▶公務員賠償責任保険を過信しない

「いざというときのために公務員賠償責任保険に入っているから、何か起きても問題ないだろう」と安心してしまって大丈夫でしょうか。私は、職場で公務員賠償責任保険について質問された際、必ず次のような助言をしています。

「あなたはその公務員賠償責任保険で保険金のお支払いを受けることができない**免責事項**を読んだことがありますか？　不法と知りながら不法行為を行った職員には、保険金が支払われないことが記載されていませんか？」

私が、この助言を行ってきた職員の多くは、公務員賠償責任保険の免責事項まではよく確認していません。特に、補償交渉や用地交渉を担当する皆さんは、公務員賠償責任保険の免責事項をよく読んでおきましょう。おそらく、以下のような免責事項が記載されているはずです。

■公務員賠償責任保険の免責事項の一例

①被保険者の故意に起因する損害賠償請求
②法令に違反することを被保険者が認識しながら行った行為に起因する損害賠償請求
③他人に対する違法な利益の供与に起因する損害賠償請求

補償交渉や用地交渉を担当しない皆さんも、加入している公務員賠償責任保険の免責事項をよく読んで確認しておいてください。

そして、「クリーンハンズの原則」を絶対に忘れずに、法令遵守で行動するようにしましょう。

▶▶堅い意志を持つ

特にハードクレームへの対応については、通常のOJTで経験するとは限らず、また身近にいる職員からその経験を学べる環境にない場合もあります。

しかし、ハードクレームは災害と同様に、いつ何時、自分の身に襲いかかってくるかわかりません。

そこで、職場でハードクレームに関する話題が上がった際には、ぜひ耳を傾けて、経験者から具体的な対応を教わりましょう。

また、周囲に経験者がいない人や書籍で学びたい人には、巻末の「参考文献・ブックガイド」に役に立つ書籍を挙げておきましたので、具体的な対応方法を学び、実践できるようにしておいてください。

▶▶あなたの行動が職場と職員を守る

ハードクレームを行う者のことをハードクレーマーといいますが、こうした者は、一度、隙を見せたら同じことを繰り返すばかりか、エスカレートしてさらなる要求を突き付けてきます。

このため、万が一、あなたがハードクレームを受けるようになってしまったとしても、職場や職員を守ることを含めて、責任のある行動をとらなければなりません。

「自分だけが知っていることなら大丈夫」とか、「今回に限って1回だけなら大丈夫」というような対応は、絶対に行わないでください。そのような誤った対応があれば、それを行った職員が異動し、または退職した後にも職場や他の職員に大きな迷惑が掛かります。

▶▶顧問弁護士への相談に備える

公務に支障をきたす可能性が高いハードクレーム対応については、1人で悩みを抱え込まず、早めに上司や法規担当課に相談して、顧問弁護士に相談することをお勧めします。

また、問題解決のために弁護士業務委託を行う場合には、上司や法規担当課と連携しながら、緊急の場合には予備費を使うことも視野に入れることや、万が一に備えて弁護士委託料を当初予算計上する等の対応を図ることをお勧めします。

危険を予知し、各種の通信教育や勉強会等を通して、自ら法律を学んでおくことも重要です。いざというときには、顧問弁護士に相談することになりますが、何でも無限に相談できるわけではありません。このため、都市計画法はもとより、地方自治法や民法等の基本を学び、**法的な問題点や争いになるポイントを見つけられるようにしておくことがカギ**になります。

▶▶日常業務の取組み姿勢で訓練を

日常業務の取組み姿勢も重要です。例えば、苦情を受けたら現地をすぐに確認し、自治体に維持管理面での瑕疵がないかどうか検証しておく必要があります。

また、問題が発生することが予測されるような場合には、すぐに法令、条例、規則や計画を調べる癖をつけること、またチェックシート等を準備しておき、チェックすること等が考えられます。

そして、私たちはいつ何時、ハードクレーマーによる業務の支障が生じるかわからない状況の中で、常に**複数の代替案**を準備して予算執行することも重要です。

特に交渉や工事監督を担当する職員には、交渉がまとまらずに別件の補償交渉や用地交渉をしなければ予算執行に支障が生じてしまう場合や計画通りに工事が進捗しなくなってしまう場合等が考えられます。こうした想定外をできるだけ想定しつつ、しっかりと**業務の進捗管理**を行うことが求められます。

2 8 ◎…「自分自身の命」も大切に災害対応にあたる

▶▶何気ない現場でも死を意識する

私を含めて自治体の職員は、災害時にも住民の安全を守ることが重要です。しかし、私自身が死んでしまったら、もう私が住民の安全を守ることはできません。そのことを痛感した一例を紹介します。

私は今でも、たまに夜中に嫌な夢を見ることがあります。

決して忘れられない令和元年10月12日深夜の台風19号の災害対応。夜を徹して、部下と一緒に豪雨の中で道路や河川等の点検を行っていたときのことでした。

雨や風の音が、「ゴー、ゴー、ゴー」と鳴り響き、一緒にずぶ濡れになりながら点検していた部下の声もよく聞き取れません。そんな中で、私と部下が水門の確認のため、水門近くに立ち入ったその瞬間でした。

「うわぁ、危ない！！」

部下が足を滑らせて、危うく水かさの増した激流に落ちそうになったのです。とっさに部下をつかまえて、転倒せずにその場を離れましたが、サーッと血の気が引いたことを覚えています。

この経験から皆さんにお伝えしたいのは、**何気ない現場にも死の恐怖が潜んでいるということです。**

しかも、災害対応ともなれば、平常時と比較にならないほど危険性が増すのです。

▶▶平常時から危険を予測する

いつ何時、発生するかわからない災害対応に備えて、私たちがいつでも適切な対応ができるようにするにはどうしたらよいでしょうか。

それは、平常時から危険を予測することです。皆さんが外出した際には、管理している道路や河川の危険箇所を確認するとともに、最新の気象情報や災害情報を常に把握しておきましょう。

災害対応で自分自身も守るために、皆さんは何を準備しているでしょうか。私が、スマホやパソコンで確認しているアプリ等には以下のものがあります。ぜひ参考にしてみてください。

〈アプリ〉

① NHK ニュース防災

天気予報、雨雲データマップ、全国の災害情報を確認できます。

② tenki.jp

雨雲レーダー、天気予報や防災情報を確認できます。

③ weathernews

雨雲、落雷、台風、河川、熱中症などの危険情報を確認できます。

④ yahoo 防災速報

防災情報通知機能など、早めの行動をとるための機能があります。

〈ウェブサイト〉

①気象庁ウェブサイト（あなたの街の防災情報）

防災、天気、気象観測、海洋、地震・津波、火山など、圧倒的な情報量で防災情報を提供しています。

http://www.jma.go.jp/bosai/#area_type=japan&area_code=010000&pattern=default

②国土交通省ウェブサイト（川の防災情報）

台風災害が予測された場合に必見のウェブサイト。川の水位の状況に基づく洪水予報等をリアルタイムで確認することができます。

https://www.river.go.jp/index

▶▶災害対応の教訓を残す

災害には、地震や津波による被害、火山災害、土砂災害、気象災害等、さまざまな種類があります。そして、これらが単独ではなく、複合的に発生する場合もあります。

こうした災害対応を経験した場合には、ぜひその教訓を残すようにしましょう。定型的な業務とは異なり、不測の事態に対応した経験は、その人でなければ教訓を残すことができません。

どんな些細なことでも、どんな様式でもよいので、忘れないうちに残しておくことが重要です。例えば、災害対応時にどんなことで困り、悩んだのか。そして、どのように解決し、現時点ではどう評価（反省）しているのか。そのようなことだけでも整理しておくと、将来の災害対応にとても役立ちます。

災害は、個々に規模や被害が異なるため、教訓を残したからといってその教訓どおりの一律の対応でよいということにはなりません。しかし、教訓を残すことで、ある程度共通した心構えを持つことができます。また、その教訓を自分に代わって避難所運営等にあたる同僚や後任に伝えることで、とても感謝されるとともに、円滑な対応に結びつくこともあるのです。

私は今、皆さんが災害対応で命を落とすことがないことを願いながら、私の実体験を教訓として記しています。災害対応の教訓は、不測の事態であればあるほど残す価値があります。皆さんの教訓が、誰かの命を救うことになるかもしれません。そのような気持ちで、ぜひ災害対応の教訓を残すようにしてください。

第3章

都市計画の基本

3 1 ◎…「都市計画法」の目的って何だろう？

▶▶都市計画法の位置付け

都市計画を基本から理解するためには、都市計画法を１つひとつ読みこんでいく必要があります。しかし、条文だけを読んでも理解しにくい部分もあるため、図表を交えて解説します。まず、都市計画法の位置付けを理解するために、法の目的を定めている１条から読んでみましょう。

■都市計画法

（目的）

第１条　この法律は、都市計画の内容及びその決定手続、都市計画制限、都市計画事業その他都市計画に関し必要な事項を定めることにより、都市の健全な発展と秩序ある整備を図り、もつて国土の均衡ある発展と公共の福祉の増進に寄与することを目的とする。

このように都市計画法は、国土の均衡ある発展と公共の福祉の増進に寄与することを目的として、都市計画の内容や決定手続、都市計画制限、都市計画事業等を定めていることがわかります。

なお、この都市計画法は、図表２のとおり、上位の国土利用計画法をはじめとした関係法令があります。国土利用計画法９条による土地利用基本計画は、都道府県が定めていますので、都道府県ウェブサイト等で確認しましょう。そして、都市計画法は国土の中の都市を単位とした都市計画の内容等を定めていること、建築基準法や景観法等の関係法令があることを覚えておきましょう。

図表２　都市計画法の位置付け

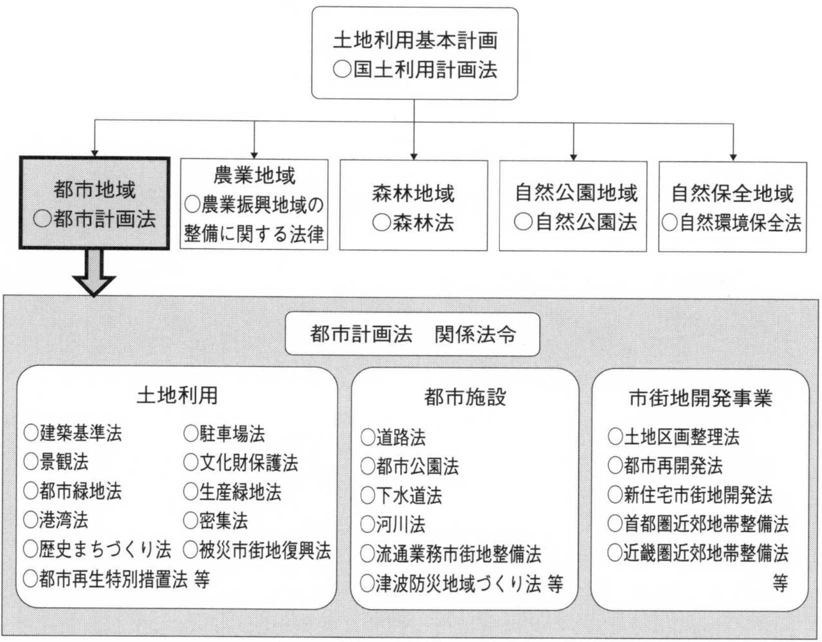

出典：国土交通省資料をもとに作成

■国土利用計画法

（土地利用基本計画）

第９条　都道府県は、当該都道府県の区域について、土地利用基本計画を定めるものとする。

２　土地利用基本計画は、政令で定めるところにより、次の地域を定めるものとする。

一　都市地域

二　農業地域

三　森林地域

四　自然公園地域

五　自然保全地域

３～14　（略）

3 2 ◎…都市計画の「基本理念」と「制度」

▶▶都市計画の基本理念とは

続いて、都市計画法２条の都市計画の基本理念を読んでみましょう。

■都市計画法

（都市計画の基本理念）

第２条　都市計画は、農林漁業との健全な調和を図りつつ、健康で文化的な都市生活及び機能的な都市活動を確保すべきこと並びにこのためには適正な制限のもとに土地の合理的な利用が図られるべきことを基本理念として定めるものとする。

魅力ある都市生活や都市活動を実現するためには、自治体で抱えている課題に対応した都市計画を行うことが求められます。そして、こうした都市計画を進める上では、適正な制限を課し、合理的な土地利用が図られなければなりません。

多くの都市では、人口減少や超高齢化が同時に進行しています。また、住宅地や通勤・通学、買物、通院等の活動範囲となるまちは、駅周辺等の中心部から郊外に広がり、中心部での空き地や空き家も増加しています。このため、まちのまとまりをつくり、公共交通でつなぐことでコンパクトなまちを形成し、持続可能な社会の実現を目指す都市計画が全国各地で進められています。

▶▶都市計画制度の構造

都市計画制度の構造としては、まず図表3のとおり、土地利用、都市施設、市街地開発事業の3つがあることをイメージしましょう。

■都市計画法

（定義）

第4条　この法律において「都市計画」とは、都市の健全な発展と秩序ある整備を図るための土地利用、都市施設の整備及び市街地開発事業に関する計画で、次章の規定に従い定められたものをいう。

2～16　（略）

図表3　都市計画制度の構造（かたまり）

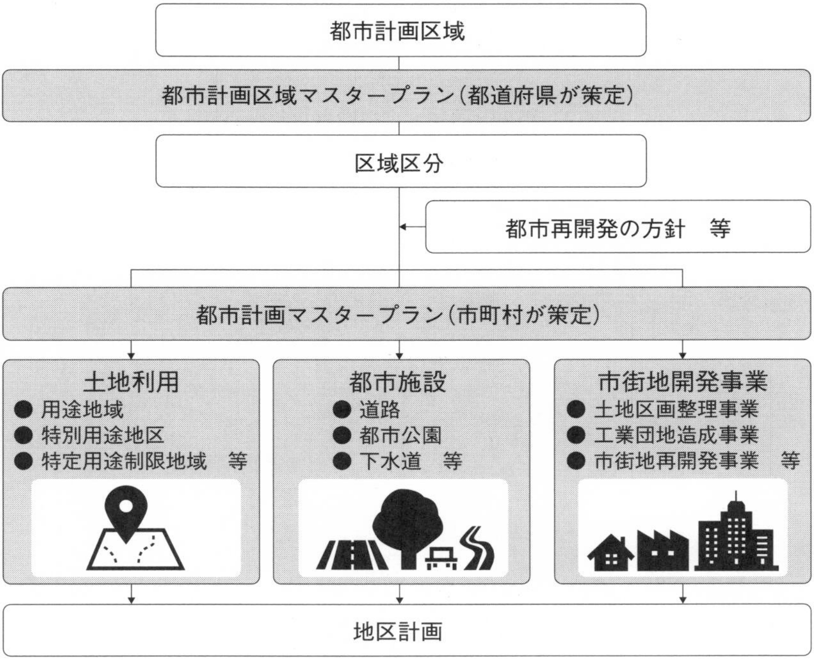

都市計画区域
↓
都市計画区域マスタープラン（都道府県が策定）
↓
区域区分
↓ ← 都市再開発の方針　等
都市計画マスタープラン（市町村が策定）
↓

- 土地利用
  - 用途地域
  - 特別用途地区
  - 特定用途制限地域　等
- 都市施設
  - 道路
  - 都市公園
  - 下水道　等
- 市街地開発事業
  - 土地区画整理事業
  - 工業団地造成事業
  - 市街地再開発事業　等

↓
地区計画

出典：国土交通省資料をもとに作成

職場にある都市計画図をよく眺めてみてください。この都市計画図は、図表4の一番下にある「都市全体の計画の見取り図」に該当します。また、この「都市全体の計画の見取り図」は、主に先ほど説明した都市計画制度の構造の大きな3つのかたまりを重ね合わせることで完成します。

図表4の上から順に、区域区分や地域地区が土地利用に該当し、市街化区域や用途地域等が含まれます。その下にあるのが、都市施設や市街地開発事業であり、道路、公園、鉄道や土地区画整理事業等が含まれます。そして、地区計画を定めている自治体の場合には、都市計画図に地区計画も示されているでしょう。

都市計画担当になった皆さんは、都市計画の決定や変更を担当することになります。これらの重ね合わせの1枚1枚のうち、どの部分に該当する決定・変更を担当しているのか、この図表4をイメージしながら実務を行ってみてください。

図表3の都市計画制度の構造（かたまり）の中には、「都市計画区域マスタープラン」と「都市計画マスタープラン」という2つのマスター

図表4　都市計画制度の構造（重ね合わせ）

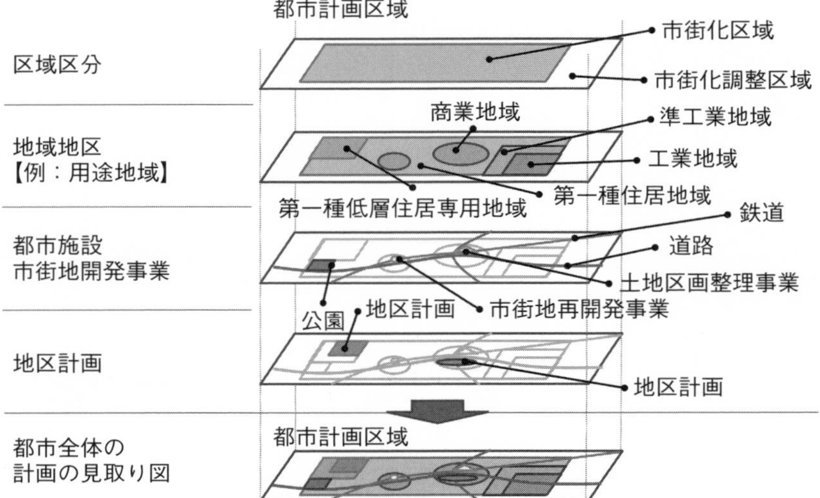

出典：国土交通省資料をもとに作成

プランが示されていました。これらについては、それぞれ3－4、3－5で説明しますが、まずはその役割の違いに着目して概要を説明します。

図表5には、マスタープランの比較を示しています。

左側の「都市計画区域マスタープラン」は、都道府県が策定します。都道府県が、一市町村を超える広域的な見地から、都市計画区域の全体を対象として、区域区分の決定の有無等の方針を定めるものです。

一方、右側の「都市計画マスタープラン」は、市町村が策定します。この都市計画マスタープランは、左側の都市計画区域マスタープランや総合計画に即して定めます。記載事項は法定されていませんが、全国各地の都市計画マスタープランでは、都市計画区域マスタープランでは示されない、より詳細な地域別の構想を示したものが多くなっています。これは、住民に最も身近な市町村が策定するマスタープランとして、住民が身近な地域の方針等を理解しやすいように配慮されているのです。

そして、各自治体の都市計画は、この都市計画マスタープランに即して定めることになります。

図表5　マスタープランの比較

	都市計画区域 マスタープラン	都市計画 マスタープラン
策定主体	都道府県	市町村
記載事項	①区域区分の決定の有無及び当該区分を定めるときはその方針 ②都市計画の目標 ③土地利用、都市施設の整備及び市街地開発事業に関する主要な都市計画の決定の方針	記載事項は、法定されていないが、例えば以下のとおり ①市町村のまちづくりの理念や都市計画の目標 ②全体構想（目指すべき都市像とその実現のための主要課題等） ③地域別構想（あるべき市街地像等）
効果	都市計画区域内の都市計画は、都市計画区域マスタープランに即したものでなければならない	市町村が定める都市計画は、都市計画マスタープランに即したものでなければならない

3 ◎…「都市計画区域」と行政区域の違いを理解する

▶▶都市計画区域の概要

都市計画を定めるにあたっては、その計画が及ぶ範囲として都市計画区域を指定します（都市計画法５条）。

この条文の主語は、「都道府県は」となっています。つまり、都市計画区域の指定は市町村ではなく都道府県が行うことがわかります。

都市計画法を読むときは、**主語に着目**するとその都市計画の決定権者がわかりますので、主語に気を付けて読むようにしましょう。

■都市計画法

（都市計画区域）

第５条　**都道府県**は、市又は人口、就業者数その他の事項が政令で定める要件に該当する町村の中心の市街地を含み、かつ、自然的及び社会的条件並びに人口、土地利用、交通量その他国土交通省令で定める事項に関する現況及び推移を勘案して、一体の都市として総合的に整備し、開発し、及び保全する必要がある区域を**都市計画区域**として指定するものとする。この場合において、必要があるときは、当該市町村の区域外にわたり、都市計画区域を指定することができる。

2　都道府県は、前項の規定によるもののほか、首都圏整備法（昭和 31 年法律第 83 号）による都市開発区域、近畿圏整備法（昭和 38 年法律第 129 号）による都市開発区域、中部圏開発整備法（昭和 41 年法律第 102 号）による都市開発区域その他新たに住居都市、工業都市その他の都市として開発し、及び保全する必要がある区域を都市計画区域として指定するものとする。

3～6　（略）

まず、法5条1項の**政令**で定める要件は、都市計画法施行令2条各号に定められています。これらの要件のいずれかに該当している町村の中心の市街地を含む地域でも都市計画区域を指定することができます。

■都市計画法施行令

（都市計画区域に係る町村の要件）

第2条　法第5条第1項（同条第6項において準用する場合を含む。）の政令で定める要件は、次の各号の一に掲げるものとする。

一　当該町村の人口が1万以上であり、かつ、商工業その他の都市的業態に従事する者の数が全就業者数の50パーセント以上であること。

二　当該町村の発展の動向、人口及び産業の将来の見通し等からみて、おおむね10年以内に前号に該当することとなると認められること。

三　当該町村の中心の市街地を形成している区域内の人口が3千以上であること。

四　温泉その他の観光資源があることにより多数人が集中するため、特に、良好な都市環境の形成を図る必要があること。

五　火災、震災その他の災害により当該町村の市街地を形成している区域内の相当数の建築物が滅失した場合において、当該町村の市街地の健全な復興を図る必要があること。

また、法5条1項の**国土交通省令**で定める事項は、都市計画法施行規則1条に定められています。これは、法11条1項各号に掲げる施設の配置及び利用ということになります。これらの都市施設の種類は、本書の5－1の図表27（147頁）にまとめましたので、読み進める中で確認しましょう。

■都市計画法施行規則

（都市計画区域の指定にあたり勘案すべき事項）
第１条　都市計画法（以下「法」という。）第５条第１項（同条第６項において準用する場合を含む。）の国土交通省令で定める事項は、法第11条第１項各号に掲げる施設の配置及び利用とする。

都市計画区域が指定された場合、主に以下のような効果があります。
(1) 建築物の建築については、建築確認申請が必要になる
(2) 開発許可の対象面積が、10,000m^{2}以上から3,000m^{2}以上に引き下げられるため、無秩序な開発を防止することができる
(3) 用途地域等の指定により、適正な土地利用を図ることができる
(4) 都市計画事業を推進する目的で、都市計画税を徴収できる

なお、土地利用の整序等を目的として「準都市計画区域」を定め、用途地域、特別用途地区、特定用途制限地域等を指定することも可能です。

ただし、この準都市計画区域では、都市計画道路等の都市施設や市街地開発事業に関する都市計画を定めることができません。

▶▶市町村数と都市計画区域数

ここで、自治体の都市計画担当になったとき、最初によくわからなくなってしまう重要なポイントを解説します。

都市計画区域は、自治体の行政区域にとらわれず指定することができます。このため、都市計画区域は、必ずしも行政区域とは一致しません。また、都市計画区域と行政区域が一致していることが一般的ということもありません。私も都市計画担当になった当時、まずはこの理解につまずきました。では、定量的に確認してみましょう。

実は、過去50年間の都市計画区域数と市町村数は、図表6のようになっているのです。まず知っておきたい事実としては、過去50年間、都市計画区域数と市町村数は一致したことがありません。

市町村数は、市町村合併を契機として、おおむね2000年から2006年

にかけて大幅に減少しました。

また、これに追随するように、都市計画区域数も2004年以降は徐々に減少してきていることがわかります。

そして、直近の2020年3月末時点では、市町村数1,719に対して都市計画区域数1,003となっています。つまり、都市計画区域数は、市町村数よりも700程度少ないのです。

図表6　市町村数と都市計画区域数

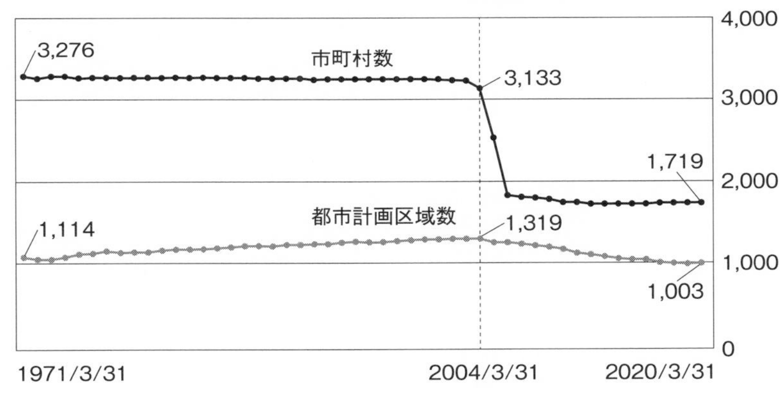

▶▶行政区域と都市計画区域の類型

市町村数と都市計画区域数の関係は、行政区域と都市計画区域の類型をイメージすると、より理解が深まります。

次頁の図表7を見てください。都市計画区域数が市町村数よりも少ない原因は、まず①のように行政区域全体が都市計画区域に入っていない場合があるからです。これは、とてもイメージしやすいでしょう。

次に、②のように行政区域全体が1つの都市計画区域に入っている場合があります。このように、複数の行政区域に跨って指定されている都市計画区域は**広域都市計画区域**と呼ばれています。複数の行政区域が含まれている広域都市計画区域は、都市計画区域数が市町村数よりも少ない原因になります。

③は、①と②の中間のような場合です。行政区域の一部が都市計画区

域に含まれる場合であり、これもイメージしやすいでしょう。山間地域等で、都市計画区域が行政区域の一部に限られるケースが該当します。

図表７　行政区域と都市計画区域の類型イメージ

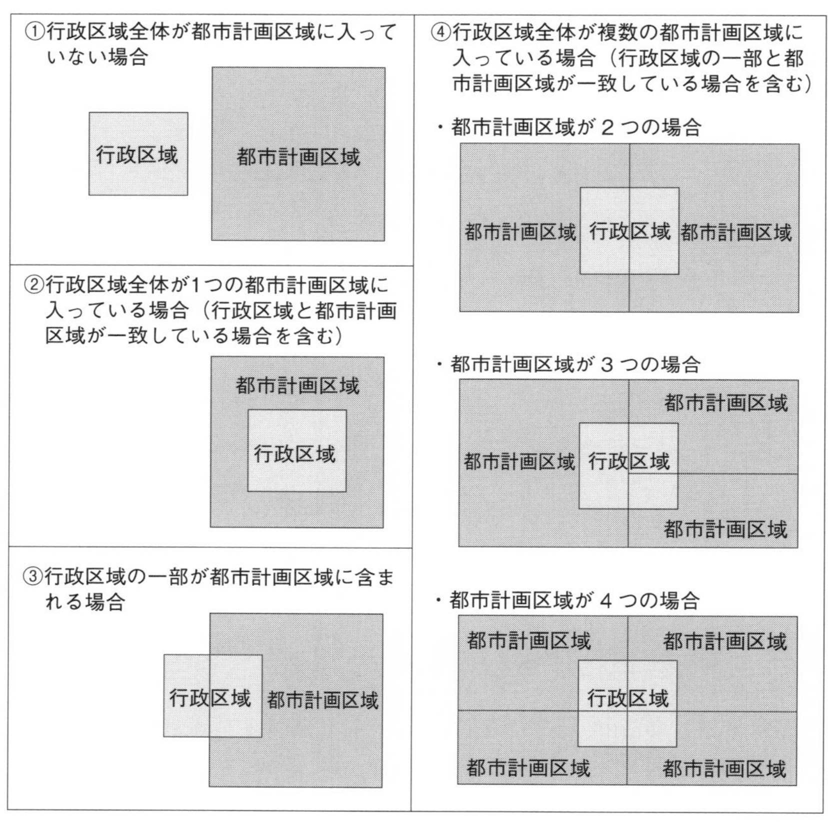

さらに、④のように行政区域全体が複数の都市計画区域に入っている場合もあります。この④のケースも多いため、混乱してしまう原因になります。

図表７では、紙面の都合上、都市計画区域が４つの場合までを示していますが、４つを超える都市計画区域に入っている自治体もイメージできるかと思います。私が過去に全国調査した際には、最大で６つの都市計画区域に入っている自治体がありました。

このように、都市計画区域は、自治体の行政区域とは必ずしも一致していないことをイメージしておくとよいでしょう。

都市計画運用指針でも、「Ⅳ－１－１　都市計画区域」の中で以下のとおり示されています。

■第 11 版　都市計画運用指針（抜粋）

１．都市計画区域の指定に関する基本的な考え方

(2)　近年、市町村合併が進み、合併を行った市町村では行政区域が拡大したが、都市活動の実態をなす生活・経済活動の圏域と比較すると、合併後の行政区域が、一体の都市として総合的に整備、開発及び保全するにふさわしい圏域に必ずしも合致していない場合が見られる。また、市街地の拡大やモータリゼーションの進展等により都市の状況が変貌し、現に指定されている都市計画区域が一体の都市として総合的に整備、開発及び保全すべき広がりとして必ずしも適切ではなくなっている状況も見られる。都市計画区域については、これらを勘案し、市町村の行政区域のみにとらわれることなく、一体の都市として総合的に整備、開発及び保全するために適切な広がりとなるよう、都道府県が広域的観点から適宜必要な再編を行うことが望ましい。

このとき、市町村が合併した場合の都市計画区域の指定は、当該合併後の市町村が同一の都市圏を形成している場合には、合併後の都市計画区域が、同一の都市計画区域に含まれるよう指定を行い、一体の都市として総合的に整備、開発及び保全を行うことが望ましいが、

①　合併前の各市町村の区域をめぐる社会的、経済的状況等地域的特性に相当な差異がある。

②　地理的条件等により一体の都市として整備することが困難であること等により、同一の都市計画区域に含めることがふさわしくない場合には、実質的に一体の都市として整備することが適切な区域ごとに、複数の都市計画区域に含めて指定することも考えられる。また、区域区分を行っている都市計画区域を有する市町村と、区域区分を行っていない都市計画区域を有する市町村が合併した場合、当面の間、それぞれの都市計画区域をそのまま存続させることも考えられる。

（以下、略）

3 4 ◎…「都市計画区域マスタープラン」を定める

▶▶都市計画区域マスタープラン

都市計画区域マスタープランは、都市計画区域の整備、開発及び保全の方針のことであり、都市計画法６条の２に基づき、都道府県が定める法定計画です。

■都市計画法

（都市計画区域の整備、開発及び保全の方針）

第６条の２　都市計画区域については、都市計画に、当該都市計画区域の整備、開発及び保全の方針を定めるものとする。

２　都市計画区域の整備、開発及び保全の方針には、第１号に掲げる事項を定めるものとするとともに、第２号及び第３号に掲げる事項を定めるよう努めるものとする。

一　次条第１項に規定する区域区分の決定の有無及び当該区域区分を定めるときはその方針

二　都市計画の目標

三　第１号に掲げるもののほか、土地利用、都市施設の整備及び市街地開発事業に関する主要な都市計画の決定の方針

３（略）

市町村の枠組みを超える広域的な問題や課題への対応、広域的な観点からの都市づくりの考え方や方針等については、この都市計画区域マスタープランに位置付けられます。また、これに基づいて広域的な市町村間の調整等を図りながら、都市づくりが進められることになります。

この都市計画区域マスタープランには、以下の（1）から（3）までに示す内容を定めます。

（1）区域区分の決定の有無及び当該区分を定めるときはその方針
（2）都市計画の目標
（3）土地利用、都市施設の整備及び市街地開発事業に関する主要な都市計画の決定の方針

▶▶都市計画区域マスタープランの効果と実務上のポイント

この都市計画区域マスタープランは、長期的な都市の姿として、例えば20年後を見通して10年後を目標年次として定められます。また、おおむね5年ごとに見直しが行われます。では、都市計画区域マスタープランの効果はどのようなものでしょうか。

まず、市町村が策定する都市計画マスタープランや個別の都市計画は、都市計画区域マスタープランに即して決定されます。このため、都市計画区域マスタープランに定めた目標の実現を目指す都市計画が進められます。

また、都市計画区域マスタープランは、都道府県が策定するため、単独の市町村の範囲を超える都市計画区域の計画を理解することができます。特に、接している近隣自治体の都市計画や複数の自治体の範囲からなる広域都市計画の内容を効率的に理解することができます。

郊外部（市街化調整区域や非線引き都市計画区域）の都市計画のあり方を検討する上では、近隣市町村の都市計画の理解が不可欠です。

ぜひ都市計画区域マスタープランや近隣の自治体による都市計画マスタープランにも目を通してみてください。

さらに近年では、都市計画区域の統合や再編が行われることもありますので、都市計画区域マスタープランのさまざまな方針も1つひとつ確認しておきましょう。

3 5 ◎…「都市計画マスタープラン」を定める

▶▶都市計画マスタープラン

都市計画マスタープランは、都市計画法18条の2の規定による市町村の都市計画に関する基本的な方針のことであり、当該市町村の総合計画と都市計画区域マスタープランに即して定めることになっています。

■都市計画法

（市町村の都市計画に関する基本的な方針）

第18条の2　市町村は、議会の議決を経て定められた当該市町村の建設に関する基本構想並びに都市計画区域の整備、開発及び保全の方針に即し、当該市町村の都市計画に関する基本的な方針（以下この条において「基本方針」という。）を定めるものとする。

2　市町村は、基本方針を定めようとするときは、あらかじめ、公聴会の開催等住民の意見を反映させるために必要な措置を講ずるものとする。

3　市町村は、基本方針を定めたときは、遅滞なく、これを公表するとともに、都道府県知事に通知しなければならない。

4　市町村が定める都市計画は、基本方針に即したものでなければならない。

そして、市町村が定める個々の都市計画は、この都市計画マスタープランに即して決定されることになります。

都市計画マスタープランは、住民に最も近い立場にある市町村が、その創意工夫の下に住民の意見を反映させて都市づくりの目標、方針や地域別の整備課題に応じた整備方針等をより具体的にきめ細かく定めるものです。

今後のまちづくりは、人口減少や超高齢化が進展する中で、都市計画マスタープランに基づいて、各自治体が抱える課題に対する施策を中心に進めていくことになります。

地方分権の進展に伴い、市町村の役割が大きくなり、都市計画においても市町村独自の取組みが可能になっています。こうした流れもあり、この都市計画マスタープランに記載すべき事項は、都道府県が定める都市計画区域マスタープランとは異なり、法定されていません。

しかしながら、例えば都市計画運用指針では、「Ⅳ－１－２　マスタープラン」において、以下のように示されています。都市計画マスタープラン策定の担当になった場合には、必ず確認しておきましょう。

■第 11 版　都市計画運用指針（抜粋）

Ⅱ）マスタープラン別の事項

2. 市町村マスタープラン

(1) 基本的考え方

①～③（略）

④　市町村マスタープランには、例えば、次に掲げる項目を含めることが考えられる。

ア　当該市町村のまちづくりの理念や都市計画の目標

イ　全体構想（目指すべき都市像とその実現のための主要課題、課題に対応した整備方針等）

ウ　地域別構想（あるべき市街地像等の地域像、実施されるべき施策）

（以下、略）

▶▶住民参加による策定

多くの都市計画担当は、住民参加による都市計画マスタープランの策定手続を経験します。おおむね５年に一度の手続になりますが、都市の将来を計画する貴重な業務経験です。なお、都市計画運用指針では、以下のように実施することを推奨しています。

■第 11 版　都市計画運用指針（抜粋）

2. 市町村マスタープラン

(3) 住民の意向反映、周知等

① 「公聴会の開催等住民の意見を反映させるために必要な措置」としては、例えば、地区別に関係住民に対しあらかじめ原案を示し、十分に説明しつつ意見を求め、これを積み上げて基本方針の案を作成し、公聴会・説明会の開催、広報誌やパンフレットの活用、アンケートの実施等を適宜行うことが望ましい。(以下、略)

図表 8　都市計画マスタープラン策定の体制（例）

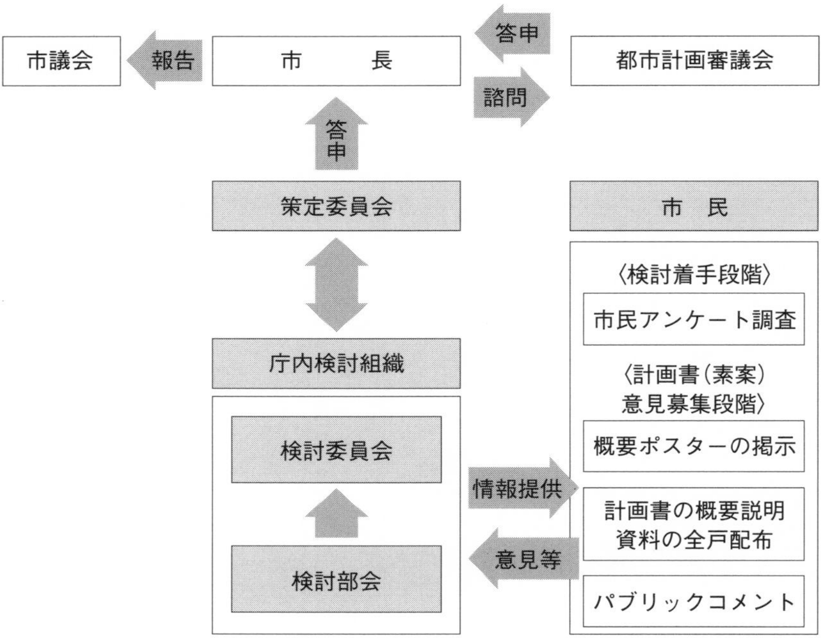

市議会
報告
市　　長
答申
諮問
都市計画審議会
答申
策定委員会
市　民
庁内検討組織
〈検討着手段階〉
市民アンケート調査
〈計画書（素案）意見募集段階〉
概要ポスターの掲示
計画書の概要説明資料の全戸配布
パブリックコメント
検討委員会
検討部会
情報提供
意見等

出典：伊勢崎市「伊勢崎市都市計画マスタープラン」をもとに作成

多くの自治体では、こうした住民参加による策定手続が進められています。それでは、具体的にどのように創意工夫して都市計画マスタープランが策定されているのでしょうか。

その一例として、伊勢崎市が令和3年8月に改定した都市計画マスタープランでは、図表8のとおり策定の体制が示されています。

この例によれば、複数の住民意見反映措置によって、都市計画マスタープランが策定されていることがわかります。

自治体によって、住民意見の反映措置は異なりますが、それぞれが工夫を凝らしながら住民参加による策定を行っています。

多くの自治体のウェブサイトでは、都市計画マスタープランの本編や概要版、また策定手続や各種資料を公表していますので、さまざまな事例を参考にすることをお勧めします。

■伊勢崎市都市計画マスタープラン（資料編）

1-2. 策定の体制

本市は、都市計画マスタープランの策定にあたり、「伊勢崎市の都市づくりに関する市民アンケート調査」の実施、市役所本庁や各支所での概要説明ポスターの掲示、計画書の概要説明資料の全戸配付、パブリックコメントなどにより、市民の皆様の意向の把握に努めてきました。

これらの意向を踏まえて、「伊勢崎市都市計画マスタープラン検討委員会」などの庁内検討組織で検討を進めるとともに、市民代表や学識経験者を含む「伊勢崎市都市計画マスタープラン策定委員会」が審議し、原案を作成しました。

「伊勢崎市都市計画マスタープラン策定委員会」は、この原案を市長に答申しました。

また、本市は、その原案を伊勢崎市都市計画審議会に諮問し、その答申を受けて市長が本マスタープランを定めました。

▶▶首長のマニフェストを読み込む

都市計画マスタープランの改定は、おおむね5年ごとに行われ、住民参加の手続を含め一定の期間を要します。また通常は、首長の選挙が4年に一度行われるため、都市計画マスタープラン策定後や策定中に首長のマニフェストが変更になる場合があります。

このような場合には、早めに首長のマニフェストに目を通し、その内容が都市計画マスタープランにどの程度の影響を及ぼすかを確認しておきましょう。

また、その首長のマニフェストによる新規の政策によって、影響を受ける場所や地域が予測される場合には、都市計画マスタープランにメモを書き込んでおき、将来の都市計画マスタープラン改定の際、どのように位置付けるべきか検討しておきましょう。

▶▶都市計画現況調査のデータで他自治体と比較する

首長のマニフェストや新しい都市計画上の課題が生じた場合には、具体的な数値や指標で検討する必要が生じる場合があります。

ぜひ国土交通省が公開している**都市計画現況調査**のエクセルデータを国土交通省ウェブサイトからダウンロードして、**他自治体との比較等**を分析してみましょう。

〈ウェブサイト〉
国土交通省「都市計画現況調査」
https://www.mlit.go.jp/toshi/tosiko/genkyou.html

他自治体の都市計画区域内の面積、人口、人口密度等は、この現況調査のデータを利用して比較的簡単に分析することができます。

そして、他自治体の都市計画マスタープランをウェブサイト等で閲覧し、方針を比較すると、首長が新たに掲げた政策の特徴や実現に向けた課題がよくわかります。

ぜひ、日頃から他自治体の都市計画マスタープランにも興味を持って、目を通してみるようにしましょう。

▶▶他自治体による取組みの記事をスクラップする

皆さんも毎日、新聞を読んでいるかと思いますが、読み終わったらそのまま捨ててしまっていませんか？

ぜひ、他自治体による都市計画の取組みの新聞記事は、切り取ってスクラップしておくようにしましょう。また、スキャンして、データとして保存しておく方法もよいかと思います。

行政界を隔てている他自治体の取組みも、都市計画区域という観点で見れば同一の都市計画区域内の取組みである場合があります。これは、本書の３－３（68～73頁）で解説したとおりです。

このため、皆さんが所属している自治体の取組みはもとより、近隣自治体を含めた他自治体による取組みの新聞記事をいつでも読み返すことができるようにしておくことをお勧めします。

過去の新聞記事は、都市計画マスタープランを改定する際の参考資料になりますし、他自治体の取組みについて、議会で質問された際にも役立ちます。

こうしたことから、都市計画担当の事務に関連する新聞記事を見つけたら、ぜひそのまま捨てずに、いつでも情報を確認できるようにストックしておきましょう。

3 6 ◎…「立地適正化計画」でコンパクトなまちづくりを行う

▶▶その背景

多くの地方都市では、住宅や店舗等の郊外立地が進んだ結果、市街地が拡散し、低密度な市街地が形成されています。このままでは、人口減少、超高齢化、厳しい財政状況により、居住者の生活を支えるサービスや都市機能を維持することができなくなるおそれがあります。

今後は、居住や都市機能を誘導し、人口密度を保ちながら、持続可能なまとまりのあるコンパクト・プラス・ネットワークの都市づくりが重要になります。

こうした背景から、**立地適正化計画**（都市再生特別措置法81条1項の規定による住宅及び都市機能増進施設の立地の適正化を図るための計画）が制度化されました。

図表9　コンパクト・プラス・ネットワークのイメージ

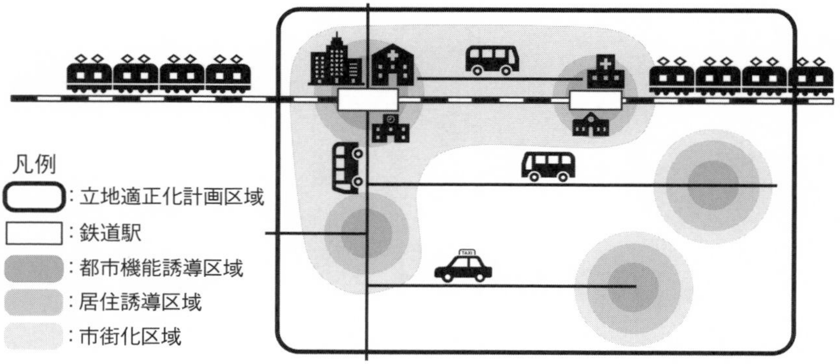

■都市再生特別措置法

（立地適正化計画）

第81条　市町村は、単独で又は共同して、都市計画法第4条第2項に規定する都市計画区域内の区域について、都市再生基本方針に基づき、**住宅及び都市機能増進施設**（医療施設、福祉施設、商業施設その他の都市の居住者の共同の福祉又は利便のため必要な施設であって、都市機能の増進に著しく寄与するものをいう。以下同じ。）**の立地の適正化を図るための計画**（以下「**立地適正化計画**」という。）を作成することができる。

2　立地適正化計画には、その**区域**を記載するほか、おおむね次に掲げる事項を記載するものとする。

一　**住宅及び都市機能増進施設の立地の適正化に関する基本的な方針**

二　**都市の居住者の居住を誘導すべき区域**（以下「**居住誘導区域**」という。）及び居住環境の向上、公共交通の確保その他の当該居住誘導区域に都市の居住者の居住を誘導するために市町村が講ずべき施策に関する事項

三　**都市機能増進施設の立地を誘導すべき区域**（以下「**都市機能誘導区域**」という。）及び**当該都市機能誘導区域ごとにその立地を誘導すべき都市機能増進施設**（以下「**誘導施設**」という。）並びに必要な土地の確保、費用の補助その他の当該都市機能誘導区域に当該誘導施設の立地を誘導するために市町村が講ずべき施策に関する事項（次号に掲げるものを除く。）

四　都市機能誘導区域に誘導施設の立地を図るために必要な次に掲げる事業等に関する事項

イ　誘導施設の整備に関する事業

ロ　イに掲げる事業の施行に関連して必要となる公共公益施設の整備に関する事業、市街地再開発事業、土地区画整理事業その他国土交通省令で定める事業

ハ　イ又はロに掲げる事業と一体となってその効果を増大させるために必要な事務又は事業

五　居住誘導区域にあっては住宅の、都市機能誘導区域にあっては誘導施設の立地及び立地の誘導を図るための**都市の防災に関する機能の確保に関する指針**（以下この条において「**防災指針**」という。）に関する事項

六　第２号若しくは第３号の施策、第４号の事業等又は防災指針に基づく取組の推進に関連して必要な事項
七　前各号に掲げるもののほか、住宅及び都市機能増進施設の立地の適正化を図るために必要な事項
３～24　（略）

これまでの土地利用計画は、主に規制を行うものでしたが、立地適正化計画は、居住や都市機能の誘導を行う計画になります。

そして、この**立地適正化計画**も都市全体を見渡したマスタープランとしての性質を持つため、**都市計画マスタープランの一部**とみなされることになっています（都市再生特別措置法82条）。

また、立地適正化計画は、総合計画や都市計画区域マスタープランに即するとともに、都市計画マスタープランとの調和が保たれたものでなければならないとされています（都市再生特別措置法81条17項）。

▶▶住民参加による策定

立地適正化計画は、都市計画マスタープランの一部とみなされるため、その策定手続についても都市計画運用指針で都市計画マスタープランとほぼ同様の内容が推奨されています。

具体的な立地適正化計画の策定事例として、伊勢崎市が平成30年３月に策定した立地適正化計画では、図表10のとおり策定の体制が示されています。この例によれば、複数の住民意見反映措置によって、立地適正化計画が策定されていることがわかります。

図表10　立地適正化計画策定の体制（例）

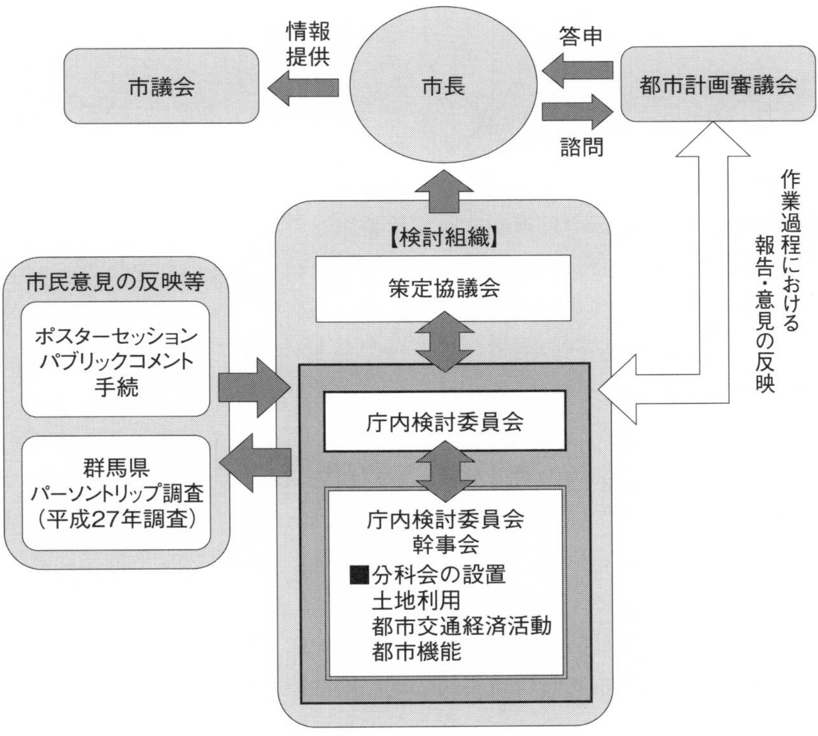

出典：伊勢崎市「伊勢崎市立地適正化計画」をもとに作成

■伊勢崎市立地適正化計画（参考資料）抜粋

伊勢崎市立地適正化計画の策定にあたっては、「伊勢崎市立地適正化計画庁内検討委員会」などの各種会議で検討を進め、学識経験者、関係団体等からの推薦を受けた者及び関係行政機関の職員により構成される「伊勢崎市立地適正化計画策定協議会」で審議し、計画案を作成していただきました。

計画案の作成にあたり、計画の目的やまちづくりの基本方針などについて住民周知を図るため、「ポスターセッション」を実施し、また、市民からの意見を反映するため、「パブリックコメント手続」を実施しました。

「伊勢崎市立地適正化計画策定協議会」から提言された計画案は、「伊勢崎市都市計画審議会」に諮問され、その答申を受けて市長が定めました。

▶▶地域公共交通計画

コンパクト・プラス・ネットワークの都市づくりを進めるためには、機能誘導と公共交通の連携が非常に重要になります。

公共交通に関する計画としては、地域公共交通の活性化及び再生に関する法律５条に基づく「地域旅客運送サービスの持続可能な提供の確保に資する地域公共交通の活性化及び再生を推進するための計画」があり、地域公共交通計画の略称で呼ばれています。

これは、国が策定する基本方針に基づき、自治体が協議会を開催し、交通事業者等との協議の上で策定します。従来の公共交通サービスや地域の輸送資源を計画に位置付け、地域旅客運送サービスの持続可能な提供に向けて地域公共交通の活性化や再生を図るもので、自治体による策定が努力義務になっています。

近年では、都市計画マスタープラン、立地適正化計画、地域公共交通網形成計画（法改正前の地域公共交通計画に相当）の３つの計画を合わせて策定した事例もあります。その一例としては、群馬県富岡市による「富岡市 都市と交通のマスタープラン」（令和２年９月）があります。

▶▶災害に強いまちづくり

近年の水災害の頻発・激甚化等を受けて、防災・減災を主流にした安全なまちづくりが強く求められています。

頻発・激甚化する自然災害に対応するため「災害ハザードエリアにおける開発抑制」「立地適正化計画の強化」「災害ハザードエリアからの移転の促進」の観点から総合的な対策を講じることが喫緊の課題になっています。

今後は、開発許可制度の見直しや立地適正化計画の強化（居住誘導区域から災害レッドゾーンの原則除外、防災指針の作成）、安全な社会づくりに対応した取組みにより、災害に強いまちづくりを進める必要があります。

▶▶立地適正化計画の強化（防災指針の作成）

防災指針は、居住や都市機能の誘導を図るために必要な都市の防災機能を確保するための指針であり、立地適正化計画に定めることができるものです（都市再生特別措置法81条2項5号）。

防災指針の作成にあたっては、都市の災害リスクや都市が抱える防災上の課題を分析して、防災まちづくりの将来像や目標等を検討した上で、ハード・ソフト両面による安全確保の対策を位置付けることが重要になります。

▶▶立地適正化計画策定による支援を活用する

立地適正化計画では、居住誘導区域や都市機能誘導区域を設定することにより、届出・勧告制度による緩やかな立地のコントロールを行うことができます。またそれだけでなく、さまざまな支援がありますので、実務上はこれらの制度も十分に活用しながら、計画の実現を目指していくことが重要になります。

「都市構造再編集中支援事業」は、立地適正化計画に基づき、市町村や民間事業者等が行う医療、社会福祉、子育て支援等の都市機能や居住環境の向上に資する公共公益施設の誘導・整備、防災力強化の取組み等に対して総合的・集中的な支援を行い、各都市が持続可能で強靭な都市構造へ再編することを目的としています。市町村が都市再生整備計画を作成することにより、この計画に基づく事業等の費用に国の補助金が交付されます。国等による補助制度をはじめとした各種の支援については、国土交通省ウェブサイトの「コンパクトシティの形成に関連する支援施策集」に掲載されています。

3 7 ◎…立地適正化計画の「届出事務」を周知する

▶▶届出制度で緩やかに誘導する

立地適正化計画は、都市計画マスタープランの一部とみなされますが、計画策定に伴う両者の実務には大きな違いがあるため、注意が必要です。

立地適正化計画を策定し、これを公表した場合には、都市計画マスタープラン策定の場合とは異なり、**届出事務**が生じます。

具体的には、都市再生特別措置法88条と108条により、立地適正化計画区域内で行われる行為についての届出制度が始まるため、この事務についての十分な周知を考えておく必要があります。

例えば、届出制度の資料等を作成して窓口で配布したり、居住誘導区域及び都市機能誘導区域の範囲等について、ウェブサイト等で閲覧できるようにしたりするとよいでしょう。

また、この届出制度については、同法88条と108条をよく読むと、届出を要する行為の詳細が政令（都市再生特別措置法施行令）に定められていることがわかります。

さらに、市町村の条例により届出の適用除外を定めている場合には、政令と併せて条例も確認しておく必要があるため、実務の際には例規集も確認しておきましょう。

■都市再生特別措置法

第88条　立地適正化計画の区域のうち当該立地適正化計画に記載された居住誘導区域外の区域内において、都市計画法第４条第12項に規定する開発行為（以下「開発行為」という。）であって住宅その他人の居住の用に供する建築物のうち市町村の条例で定めるもの（以下この条において「住宅等」という。）の建築の用に供する目的で行うもの（政令で定める戸数未満の住宅の建築の用に供する目的で行うものにあっては、その規模が政令で定める規模以上のものに限る。）又は住宅等を新築し、若しくは建築物を改築し、若しくはその用途を変更して住宅等とする行為（当該政令で定める戸数未満の住宅に係るものを除く。）を行おうとする者は、これらの行為に着手する日の30日前までに、国土交通省令で定めるところにより、行為の種類、場所、設計又は施行方法、着手予定日その他国土交通省令で定める事項を市町村長に届け出なければならない。ただし、次に掲げる行為については、この限りでない。

一～四　（略）

2～5　（略）

第108条　立地適正化計画の区域内において、当該立地適正化計画に記載された誘導施設を有する建築物の建築の用に供する目的で行う開発行為又は当該誘導施設を有する建築物を新築し、若しくは建築物を改築し、若しくはその用途を変更して当該誘導施設を有する建築物とする行為を行おうとする者（当該誘導施設の立地を誘導するものとして当該立地適正化計画に記載された都市機能誘導区域内においてこれらの行為を行おうとする者を除く。）は、これらの行為に着手する日の30日前までに、国土交通省令で定めるところにより、行為の種類、場所、設計又は施行方法、着手予定日その他国土交通省令で定める事項を市町村長に届け出なければならない。ただし、次に掲げる行為については、この限りでない。

一～四　（略）

2～4　（略）

なお、市町村の条例で届出の適用除外を定めていない場合、以下のような行為が届出対象の行為になります。

①居住誘導区域外での住宅に関する行為（同法88条）

〈開発行為〉

・3戸以上の住宅の建築目的の開発行為

・1戸又は2戸の住宅の建築目的の開発行為で、その規模が1,000m^{2}以上のもの

〈建築等行為〉

・3戸以上の住宅を新築しようとする場合

・建築物を改築し、又は建築物の用途を変更して住宅等とする場合（住宅は3戸以上の場合のみ）

②都市機能誘導区域外での誘導施設に関する行為（同法108条）

・誘導施設を有する建築物を建築する目的で行う開発行為

・誘導施設を有する建築物を新築し、又は建築物を改築し、若しくはその用途を変更して誘導施設を有する建築物とする行為

▶▶届出事務の周知を図ることが重要

この届出制度による届出を行わずに開発行為等を行ったり、虚偽の届出を行ったりした者は、30万円以下の罰金に処せられることがあります（同法130条）。このため、住民や事業者に届出を確実に行ってもらうためには、特に以下の内容を周知しておく必要があります。

①居住誘導区域

居住誘導区域は、人口減少の中にあっても一定のエリアにおいて人口密度を維持することにより、生活サービスやコミュニティが持続的に確保されるよう居住を誘導すべき区域です。なお、この区域は、市街化調整区域に設定することはできません。

②都市機能誘導区域

医療・福祉・商業等の都市機能を都市の中心拠点や生活拠点に誘導し

集約することにより、これらの各種サービスの効率的な提供を図る区域です。なお、この区域は、原則として居住誘導区域内に設定されます。

③誘導施設

誘導施設は、都市機能誘導区域ごとに立地を誘導すべき都市機能増進施設です。なお、都市機能誘導区域ごとにどのような施設が現存しているかについて、公共施設等総合管理計画等から現状や統廃合の計画を把握し、関係各課から施設整備計画の情報を確認しておく必要があります。誘導施設の設定については、都市計画運用指針において、「Ⅳ－1－3 立地適正化計画」の中で以下のように示されている施設を参考にすることができます。

■第11版　都市計画運用指針（抜粋）

3．記載内容

(5) 誘導施設

② 誘導施設の設定

誘導施設は、居住者の共同の福祉や利便の向上を図るという観点から、

- 病院・診療所等の医療施設、老人デイサービスセンター等の社会福祉施設、小規模多機能型居宅介護事業所、地域包括支援センターその他の高齢化の中で必要性の高まる施設
- 子育て世代にとって居住場所を決める際の重要な要素となる幼稚園や保育所等の子育て支援施設、小学校等の教育施設
- 集客力がありまちの賑わいを生み出す図書館、博物館等の文化施設や、スーパーマーケット等の商業施設
- 行政サービスの窓口機能を有する市役所支所等の行政施設

などを定めることが考えられる。

3 8 ◎…「都市計画を決定」するのは都道府県？市町村？

▶▶誰が決定するのか

都市計画を決定するためには、都市計画の決定権者が法令に基づき一定の手続を経る必要があります。

ここでまず確認しておきたい内容としては、都市計画の種類によって**都道府県決定**と**市町村決定**に分かれていることです(都市計画法15条)。これにより、それぞれの決定手続も異なります。

その決定に際しては、住民意見を反映しながら、住民が意見を述べる機会を設けるとともに、都道府県決定については都道府県都市計画審議会の議を経ること、市町村決定については市町村都市計画審議会の議を経ることとなっています。

なお、市町村決定の都市計画決定案件については、あらかじめ都道府県知事と協議を行うこととされています（都市計画法19条3項)。

▶▶どのような手続で決定するのか

都道府県決定、市町村決定に応じた都市計画決定手続は、図表11のとおりです（都市計画法5条の規定による都市計画区域の指定・変更等の手続を除く)。皆さんが都市計画決定手続を担当することになった場合には、どの手続に該当するかよく確認して手続を進めましょう。

なお、地区計画等の案の作成に際しては、都市計画法16条2項により条例を定めることができますので、例規集を確認して条例に詳細な手続を定めているか確認しておきましょう。

図表 11　都市計画決定手続

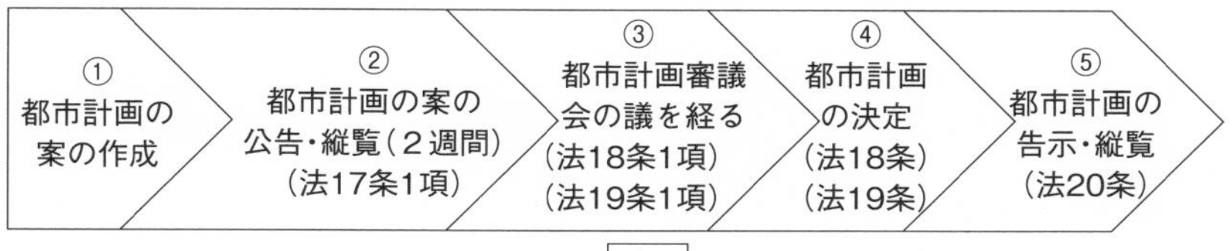

①〜⑤の決定手続きのポイント

	都道府県決定	市町村決定
①	必要があると認めるときは、公聴会の開催等により住民の意見を反映させる（法 16 条 1 項） 関係市町村の意見を聴く（法 18 条 1 項）	必要があると認めるときは、公聴会の開催等により住民の意見を反映させる（法 16 条 1 項）
②	住民等は縦覧期間中に意見書を提出することができる（法 17 条 2 項） ただし、名称のみの変更の場合、公告、縦覧、意見書提出の手続は不要（法 21 条 2 項、法施行令 14 条 1 号）	
③	提出された意見書の要旨を審議会に提出する（法 18 条 2 項）	市町村都市計画審議会が設置されていない場合は、都道府県都市計画審議会に付議する（法 19 条 1 項） 提出された意見書の要旨を審議会に提出する（法 19 条 2 項）
④	必要な場合、あらかじめ国土交通大臣と協議し、同意を得る（法 18 条 3 項） ただし、名称のみの変更等の場合、この協議、同意は不要（法 21 条 2 項、法施行令 14 条 2 号）	あらかじめ都道府県知事と協議する（法 19 条 3 項） ただし、名称のみの変更等の場合、この協議は不要（法 21 条 2 項、法施行令 14 条 3 号）
⑤	都市計画は告示の日から効力を有する（法 20 条 3 項）	

▶▶都市計画決定のための図書

都市計画決定の手続に必要な図書は、都市計画法 14 条及び都市計画法施行規則９条に定められています。これらの内容についても確認しておきましょう。

> **■都市計画法**
>
> （都市計画の図書）
>
> 第14条　都市計画は、国土交通省令で定めるところにより、総括図、計画図及び計画書によつて表示するものとする。
>
> ２・３（略）

国土交通省令の都市計画法施行規則９条では、これらの図書に関する縮尺や表示方法等が定められています。本書では、実務上のポイントを整理しておきますので、実際に執務室内にある都市計画決定図書を見て確認してみてください。

①総括図

総括図は、区域区分、地域地区、促進区域、都市施設、市街地開発事業、市街地開発事業等予定区域、地区計画、防災街区整備地区計画、沿道地区計画、集落地区計画の位置や区域等を表示する図面のことをいいます。この総括図の縮尺は、25,000分の１以上の地形図とするよう定められています（都市計画法施行規則９条１項）。

最も全体的に見渡すことができる、広範囲を示す図面になっています。

②計画図

計画図は、都市計画を定める区域の詳細を確認することができる図面です。この計画図の縮尺は、2,500分の１以上の平面図とされています（都市計画法施行規則９条２項）。

都市計画を定める区域の境界（道路等による地形・地物の境界）がわかる図面になっています。

③計画書

計画書は、都市計画に定めるべき事項のほか、都市計画を定めた理由を示すものです（都市計画法施行規則９条３項）。

表や文章により示されています。

▶▶都市計画を決定したら何をするか

都市計画を決定した場合には、都市計画法20条１項により、告示を行います。告示は、各自治体の公告式条例等により、庁舎の掲示場等に掲示して、広く周知を図ることになります。都市計画は、こうして告示された日から効力が生じます（都市計画法20条３項）。

また、都市計画決定図書又はその写しについては、都市計画法20条２項により事務所に備え付けておき、窓口等で公衆の縦覧に供することになります。

■都市計画法

（都市計画の告示等）

第20条　都道府県又は市町村は、都市計画を決定したときは、その旨を告示し、かつ、都道府県にあつては関係市町村長に、市町村にあつては都道府県知事に、第14条第１項に規定する図書の写しを送付しなければならない。

２　都道府県知事及び市町村長は、国土交通省令で定めるところにより、前項の図書又はその写しを当該都道府県又は市町村の事務所に備え置いて一般の閲覧に供する方法その他の適切な方法により公衆の縦覧に供しなければならない。

３　都市計画は、第１項の規定による告示があつた日から、その効力を生ずる。

3 9 ◎…「各種の調査結果」を踏まえて都市計画を進める

▶▶都市計画に関する基礎調査

都市計画を定めるためには、都市の動向を把握するためのデータが必要になります。そこで、都市計画法６条は、都道府県がおおむね５年ごとに調査を実施するよう定めており、この調査が「都市計画基礎調査」と呼ばれるものです。

この調査は、図表 12 のイメージのとおり、都市計画区域について人口、産業、土地利用、建物、都市施設、交通等の現況等を調査するものです。調査項目の詳細については、国土交通省により「都市計画基礎調査実施要領」が定められています。

図表 12　都市計画基礎調査のイメージ

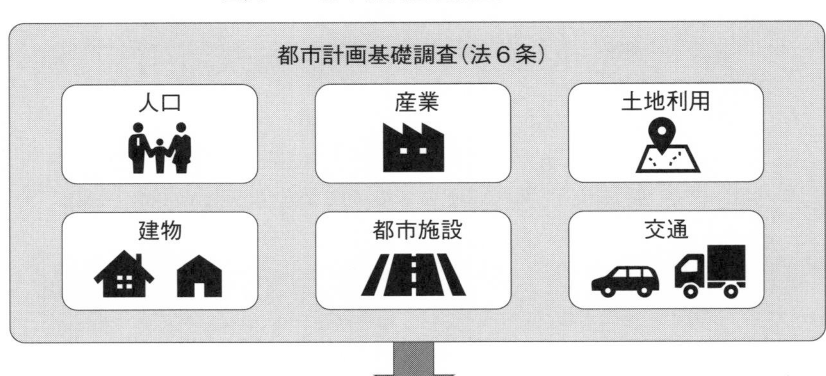

また、都市計画法13条に定められているとおり、各種の都市計画は、この都市計画基礎調査の結果に基づいて定めることになっており、とても重要な調査になります。

■**都市計画法**

（都市計画に関する基礎調査）

第6条　都道府県は、都市計画区域について、おおむね５年ごとに、都市計画に関する基礎調査として、国土交通省令で定めるところにより、人口規模、産業分類別の就業人口の規模、市街地の面積、土地利用、交通量その他国土交通省令で定める事項に関する現況及び将来の見通しについての調査を行うものとする。

2～5　（略）

（都市計画基準）

第13条　都市計画区域について定められる都市計画（区域外都市施設に関するものを含む。次項において同じ。）は、国土形成計画、首都圏整備計画、近畿圏整備計画、中部圏開発整備計画、北海道総合開発計画、沖縄振興計画その他の国土計画又は地方計画に関する法律に基づく計画（当該都市について公害防止計画が定められているときは、当該公害防止計画を含む。第3項において同じ。）及び道路、河川、鉄道、港湾、空港等の施設に関する国の計画に適合するとともに、当該都市の特質を考慮して、次に掲げるところに従つて、土地利用、都市施設の整備及び市街地開発事業に関する事項で当該都市の健全な発展と秩序ある整備を図るため必要なものを、一体的かつ総合的に定めなければならない。この場合においては、当該都市における自然的環境の整備又は保全に配慮しなければならない。

一～十九（略）

二十　前各号の基準を適用するについては、第６条第１項の規定による都市計画に関する基礎調査の結果に基づき、かつ、政府が法律に基づき行う人口、産業、住宅、建築、交通、工場立地その他の調査の結果について配慮すること。

2～6　（略）

また、立地適正化計画についても、都市計画基礎調査の結果に基づいたものでなくてはならないとされています（都市再生特別措置法81条18項）。

■都市再生特別措置法

（立地適正化計画）

第81条　1～17（略）

18　立地適正化計画は、都市計画法第6条第1項の規定による都市計画に関する基礎調査の結果に基づき、かつ、政府が法律に基づき行う人口、産業、住宅、建築、交通、工場立地その他の調査の結果を勘案したものでなければならない。

19～24　（略）

このように都市計画基礎調査は、今後の都市計画を検討する上で極めて重要な基礎資料となります。

▶▶人の移動を捉えるパーソントリップ調査

皆さんも、国土交通省から送付されたパーソントリップ（Person Trip）調査に回答したことがありませんか？

パーソントリップ調査とは、人の移動を調べるもので、都市交通に関する最も基本的な実態調査の1つです。この調査では、人の移動の出発地、到着地、目的、交通手段、行動時間帯等を捉えます。

この調査を実施することで、多様な交通実態を把握・予測し、円滑な交通機能を確保するための検討を行うことができます。

また、人が多く集まる地域や施設等を把握することによって、土地利用と公共交通を総合的に捉えて、将来の都市交通計画を策定することができます。

▶▶全国の最新データを知る都市計画現況調査

都市計画現況調査は、国土交通省によって毎年実施されています。

この調査結果は、かつて「都市計画年報」として刊行されていましたが、現在では国土交通省のウェブサイトに電子データとして掲載されています。

これにより、全国各地の都市計画に関する統計エクセルデータをダウンロードして実務に活かすことができます。具体的には、近隣自治体や類似規模の自治体のデータをダウンロードして比較することで、都市計画の検討にも利用できます。

令和4年3月現在のウェブサイトでは、平成20年調査結果以降の統計データをダウンロードすることができます。長期に渡るデータを経時的に分析することも可能になりますので、必要に応じて当該ウェブサイトから以下の情報を閲覧することをお勧めします。

■都市計画現況調査の調査項目

①都市計画区域の指定状況
②市街化区域、市街化調整区域の決定状況
③地域地区等の決定状況
④都市計画施設の決定状況
⑤市街地開発事業の決定状況
　など

第4章

土地利用のポイント

4-1 ◎…「土地利用」って何だろう？

▶▶土地利用計画のイメージを持つ

土地は、住民や事業者等によってさまざまな用途に利用されています。こうした土地の利用のことを土地利用といい、法2条では「適正な制限のもとに土地の合理的な利用が図られるべき」としています。

このため、各自治体は、適正な制限を課すことによって合理的な土地利用が図られるよう、さまざまな都市計画を定めています。土地利用計画のイメージは、図表13のとおりです。

図表13　土地利用計画のイメージ

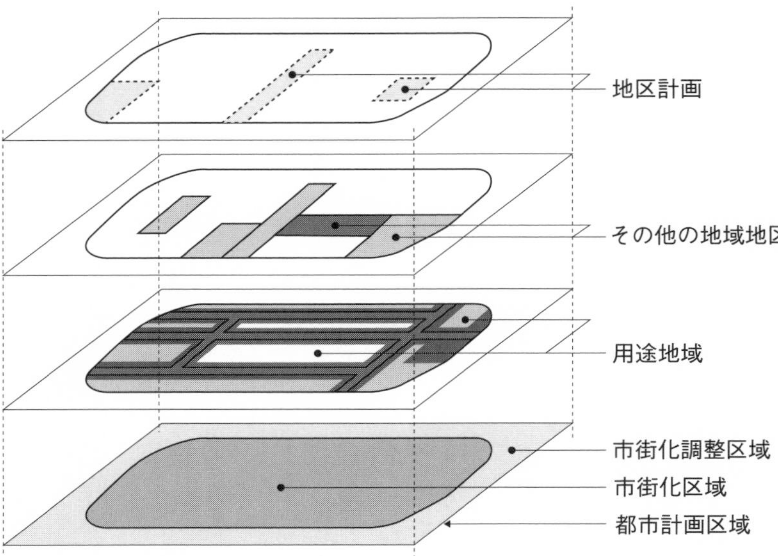

出典：国土交通省資料をもとに作成

土地利用計画は、都市の将来像を示すとともに、都市計画区域等による大きな枠組みを定める制度から地区計画等のきめ細かい制度までを活用して、その実現を目指すものです。

▶▶市街地における土地利用計画

中心市街地を含む市街地は、その都市の玄関口になっていたり、都市の顔とも呼ばれる重要な範囲であることが一般的です。このため、市街地における土地利用計画では、都市計画マスタープランに目指すべき方針を示した上で、これを実現するために複数の制度を積極的に活用することが多くなります。

例えば、用途地域に加えて、特別用途地区、防火地域、準防火地域、地区計画等の土地利用に関する各種の制度を活用しつつ、その地域独自のきめ細かい都市計画を定めている自治体が多く見られます。

▶▶市街地ではない郊外の土地利用計画

市街地ではない郊外における土地利用計画は、都市の既存ストックを有効に活用しつつ、さまざまな都市機能がコンパクトに集積したコンパクト・プラス・ネットワークの実現に向けた制度を積極的に活用することが求められます。

例えば、非線引き都市計画区域内で用途地域が指定されていない範囲については、住宅、店舗、工場等のさまざまな建物用途が混在してしまう場合があります。こうした建物用途の混在が進めば、店舗や工場等への大型車両の往来が増加することで、通学路の危険性が高まり、交通事故が増えてしまうかもしれません。また閑静な住宅地も、振動や騒音により居住環境が悪化してしまうおそれがあります。

これらはほんの一例ですが、過度な建物用途の混在は、住民生活への悪影響が懸念されます。このため、非線引き都市計画区域では、建物用途の混在による居住環境の悪化が生じないよう、用途地域や特定用途制限地域を指定する事例が多く見られます。

4-2 ◎…「区域区分」で市街化区域と市街化調整区域に分ける

▶▶区域区分（線引き）とは

区域区分（線引き）とは、都市計画区域内について市街化区域と市街化調整区域との区分を定めることをいいます（都市計画法7条1項）。

いわゆる「線引き都市計画区域」とは、この区域区分を行っている都市計画区域のことを指します。一方、「非線引き都市計画区域」とは、この区域区分を行っていない都市計画区域のことを指します（17頁の図表1を参照）。

▶▶市街化区域とは

市街化区域は、すでに市街地を形成している区域及びおおむね10年以内に優先的かつ計画的に市街化を図るべき区域です（都市計画法7条2項）。

この市街化区域では、少なくとも用途地域を定めるとともに、道路、公園、下水道等の都市施設や必要に応じて市街地開発事業等を定めます。4－3から4－5までで説明する開発許可については、技術基準に適合していれば許可されます。

なお、市街化区域には農業振興地域を指定することができず（農業振興地域の整備に関する法律6条3項）、また農地転用は許可が不要で農業委員会への届出制となります（農地法4条1項8号）。

さらに、国土利用計画法による土地に関する権利移転等の届出は、2,000m^{2}以上が対象となっています（国土利用計画法23条）。

■都市計画法

（区域区分）

第７条　都市計画区域について無秩序な市街化を防止し、計画的な市街化を図るため必要があるときは、都市計画に、**市街化区域と市街化調整区域との区分**（以下「区域区分」という。）を定めることができる。ただし、次に掲げる都市計画区域については、区域区分を定めるものとする。

一　次に掲げる土地の区域の全部又は一部を含む都市計画区域

イ　首都圏整備法第２条第３項に規定する既成市街地又は同条第４項に規定する近郊整備地帯

ロ　近畿圏整備法第２条第３項に規定する既成都市区域又は同条第４項に規定する近郊整備区域

ハ　中部圏開発整備法第２条第３項に規定する都市整備区域

二　前号に掲げるもののほか、大都市に係る都市計画区域として政令で定めるもの

2　**市街化区域**は、すでに市街地を形成している区域及びおおむね 10 年以内に優先的かつ計画的に市街化を図るべき区域とする。

3　**市街化調整区域**は、市街化を抑制すべき区域とする。

■都市計画法施行令

（大都市に係る都市計画区域）

第３条　法第７条第１項第２号の大都市に係る都市計画区域として政令で定めるものは、地方自治法（昭和 22 年法律第 67 号）第 252 条の 19 第１項の指定都市（以下単に「指定都市」という。）の区域の全部又は一部を含む都市計画区域（指定都市の区域の一部を含む都市計画区域にあつては、その区域内の人口が 50 万未満であるものを除く。）とする。

▷▷市街化調整区域とは

市街化調整区域は、市街化を抑制すべき区域です（都市計画法７条３項）。この市街化調整区域では、原則として用途地域を定めないことになっています。

そして、市街化を抑制する区域である以上、市街化を促進する都市施設は定めるべきではないものとされています。

都市計画図を見るとわかるように、市街化調整区域の都市施設としては、市街化区域との連続性の確保が必要となる都市計道路や公園、緑地等の公共空地、河川、処理施設等が定められている程度が一般的です。

４－３から４－５までで説明する開発許可については、技術基準だけでなく、立地基準にも適合しているもののみを許可することができます。生活に必要な施設等を除き、原則として開発行為は許可されないとイメージしておいてください。

なお、農地転用は許可が必要であり（農地法４条）、国土利用計画法による土地に関する権利移転等の届出は、5,000m^{2}以上が対象となっています（国土利用計画法23条）。

▷▷市街化調整区域内のまとまりの形成

市街化調整区域内は、無秩序な拡散を抑制し、農地や自然環境を保全すべきエリアである一方で、「まとまり」を維持・形成するために既存集落等の維持を図る必要があります。

このため、例えば、開発を計画的に誘導する地区を定める「地区計画」の活用や開発許可制度の立地基準等を厳格化してコントロールすることも検討に値します。

▷▷非線引き都市計画区域内のまとまりの維持

区域区分を行っていない非線引き都市計画区域は、土地利用制限が緩いため、明確な「まとまり」を持たない都市が形成される傾向があります。

都市計画の制度上は、非線引き都市計画区域でも、建築物の用途の混在防止等のために用途地域を定めることができます。しかし、用途地域が定められていない範囲は白地（しろじ）地域と呼ばれ、都市計画の土地利用制限が行われていないため、無秩序な開発（建築物の用途の混在等）が起こりやすくなります。

非線引き都市計画区域は、線引き都市計画区域よりも土地利用制限が緩いため、無秩序な開発が進行してしまうと将来の問題が生じることになりかねません。

例えば、道路や上下水道等の社会資本の維持管理費が増大する、公共交通の維持が困難になる、住宅、工場、農業施設等が混在して環境が悪化する等です。

これらの問題が生じた場合には、既存集落や用途地域内の人口密度の低下により、「まとまり」の維持が困難になってしまうことが懸念されます。

そこで、非線引き都市計画区域では、無秩序な開発（建築物の用途の混在等）を防ぐため、用途地域や特定用途制限地域の指定等、何らかの土地利用制限を行うことが重要になります。

4 3 ◎…「開発許可」により良好で適正な都市を形成する

▶▶開発許可制度の役割

開発許可制度は、一定の開発行為について許可を要することとして、その区域に応じた許可基準に合わない開発行為を制限するものです。

良好な宅地水準を確保し、都市計画に定められた土地の利用目的に沿った立地の適正性を確保するという２つの役割があります。

主な実務の内容としては、「開発行為」の許可事務を行うことになりますので、まずは「開発行為」の定義から見てみましょう。

■都市計画法

（定義）

第４条　この法律において「都市計画」とは、都市の健全な発展と秩序ある整備を図るための土地利用、都市施設の整備及び市街地開発事業に関する計画で、次章の規定に従い定められたものをいう。

２～11　（略）

12　この法律において「開発行為」とは、主として建築物の建築又は特定工作物の建設の用に供する目的で行なう土地の区画形質の変更をいう。

13～16　（略）

この「開発行為」の定義の中にも、すでに見慣れない用語が並んでいます。「建築物の建築？」「特定工作物の建設？」。大丈夫です。そんなときは、再び都市計画法４条に戻って、定義をよく見直してみましょう。

■都市計画法

（定義）

第4条　1～9　（略）

10　この法律において「建築物」とは建築基準法（昭和25年法律第201号）第2条第1号に定める建築物を、「建築」とは同条第13号に定める建築をいう。

11　この法律において「特定工作物」とは、コンクリートプラントその他周辺の地域の環境の悪化をもたらすおそれがある工作物で政令で定めるもの（以下「第１種特定工作物」という。）又はゴルフコースその他大規模な工作物で政令で定めるもの（以下「第２種特定工作物」という。）をいう。

12～16　（略）

「特定工作物」の定義の中にも、見慣れない用語が並んでいます。

「周辺の地域の環境の悪化をもたらすおそれがある工作物で政令で定めるもの？」「大規模な工作物で政令で定めるもの？」

大丈夫です。今度は、政令の都市計画法施行令を調べてみましょう。

■都市計画法施行令

（特定工作物）

第1条　都市計画法（以下「法」という。）第4条第11項の周辺の地域の環境の悪化をもたらすおそれがある工作物で政令で定めるものは、次に掲げるものとする。

一　アスファルトプラント

二　クラッシャープラント

三　（略）

2　法第4条第11項の大規模な工作物で政令で定めるものは、次に掲げるもので、その規模が１ヘクタール以上のものとする。

一　野球場、庭球場、陸上競技場、遊園地、動物園その他の運動・レジャー施設である工作物（以下、略）

二　墓園

こうして定義をしっかり調べれば、開発行為とは主として、①建築物の建築、②第１種特定工作物（コンクリートプラント等）の建設、③第２種特定工作物（ゴルフコース、１ヘクタール以上の墓園等）の建設を目的とした土地の区画形質の変更をいうことがわかります。

なぜ「開発行為」の定義を調べることが重要かというと、これには大きな理由があります。図表 14 を見て下さい。

図表 14　開発許可の要否のイメージ

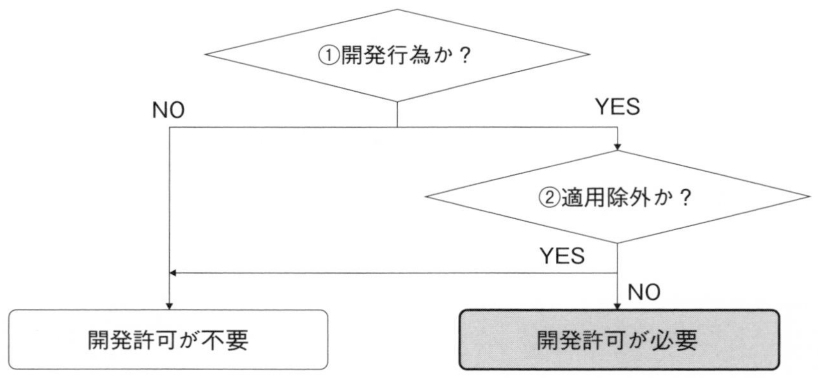

「①開発行為か？」という部分が、これまで見てきた都市計画法４条12 項による開発行為の定義そのものになります。つまり、この開発行為の定義を外れる行為は、そもそも開発許可が不要なのです。

例えば、建築物の建築を目的としていないような屋外の露天駐車場にするだけの目的で行う土地の区画形質の変更は、開発許可が不要です。また、例えば 0.5 ヘクタールの墓園の建設を目的とした土地の区画形質の変更も、開発許可が不要です。これらは、いずれも都市計画法４条12 項による開発行為には該当していないからです。

では、次の「②適用除外か？」の部分を理解しましょう。こちらは、都市計画法 29 条にあります。同条は、数多くの開発許可の適用除外を定めており、全部を解説すると膨大になるため、基本となる同条1項1号に絞って、全体を把握する読み方のノウハウを解説します。

■都市計画法

（開発行為の許可）

第29条　都市計画区域又は準都市計画区域内において開発行為をしようとする者は、あらかじめ、国土交通省令で定めるところにより、都道府県知事（地方自治法（昭和22年法律第67号）第252条の19第1項の指定都市又は同法第252条の22第1項の中核市（以下「指定都市等」という。）の区域内にあつては、当該指定都市等の長。以下この節において同じ。）の許可を受けなければならない。ただし、次に掲げる開発行為については、この限りでない。

一　市街化区域、区域区分が定められていない都市計画区域又は準都市計画区域内において行う開発行為で、その規模が、それぞれの区域の区分に応じて政令で定める規模未満であるもの

二～十一（略）

2　都市計画区域及び準都市計画区域外の区域内において、それにより一定の市街地を形成すると見込まれる規模として政令で定める規模以上の開発行為をしようとする者は、あらかじめ、国土交通省令で定めるところにより、都道府県知事の許可を受けなければならない。（以下、略）

一・二　（略）

3　（略）

「国土交通省令で定めるところにより」という、見慣れない用語がありますが、大丈夫です。省令の都市計画法施行規則を調べましょう。

■都市計画法施行規則

（開発許可の申請）

第16条　法第29条第1項又は第2項の許可を受けようとする者は、別

記様式第2又は別記様式第2の2の開発行為許可申請書を都道府県知事に提出しなければならない。

2～6 （略）

都市計画法施行規則16条では、開発許可申請書の様式等を定めています。一方、都市計画法29条に戻ると、「政令で定める規模」という、また見慣れない用語があります。政令の都市計画法施行令を調べましょう。

■都市計画法施行令

（許可を要しない開発行為の規模）

第19条　法第29条第1項第1号の政令で定める規模は、次の表の第1欄に掲げる区域ごとに、それぞれ同表の第2欄に掲げる規模とする。ただし、同表の第3欄に掲げる場合には、都道府県（指定都市等（法第29条第1項に規定する指定都市等をいう。以下同じ。）又は事務処理市町村（法第33条第6項に規定する事務処理市町村をいう。以下同じ。）の区域内にあつては、当該指定都市等又は事務処理市町村。第22条の3、第23条の3及び第36条において同じ。）は、条例で、区域を限り、同表の第4欄に掲げる範囲内で、その規模を別に定めることができる。

第1欄	第2欄	第3欄	第4欄
市街化区域	1,000m^2	市街化の状況により、無秩序な市街化を防止するため特に必要があると認められる場合	300m^2 以上 1,000m^2 未満
区域区分が定められていない都市計画区域及び準都市計画区域	3,000m^2	市街化の状況等により特に必要があると認められる場合	300m^2 以上 3,000m^2 未満

2 （略）

（法第29条第2項の政令で定める規模）

第22条の2　法第29条第2項の政令で定める規模は、1ヘクタールとする。

ここまで調べた結果を一覧表にまとめたのが、図表15です。

図表15　規制対象規模

<table>
<tr><th colspan="3">規制対象の区域</th><th>規制対象の規模</th><th colspan="2">適用基準</th></tr>
<tr><td rowspan="3">都市計画区域</td><td rowspan="2">線引き都市計画区域</td><td>市街化区域</td><td>1,000 m^2（三大都市圏の既成市街地、近郊整備地帯等は500 m^2）以上の開発行為
※開発許可権者が条例で300 m^2まで引き下げ可</td><td rowspan="5">技術基準</td><td></td></tr>
<tr><td>市街化調整区域</td><td>原則として全ての開発行為</td><td>立地基準</td></tr>
<tr><td colspan="2">非線引き都市計画区域</td><td>3,000 m^2以上の開発行為
※開発許可権者が条例で300 m^2まで引き下げ可</td><td></td></tr>
<tr><td colspan="3">準都市計画区域</td><td>3,000 m^2以上の開発行為
※開発許可権者が条例で300 m^2まで引き下げ可</td><td></td></tr>
<tr><td colspan="3">都市計画区域外及び準都市計画区域外</td><td>10,000 m^2以上の開発行為</td><td></td></tr>
</table>

出典：国土交通省資料をもとに作成

まとめると、都市計画区域内における一定規模以上の開発行為（市街化調整区域内は、原則として全ての開発行為）では、都市計画法による開発許可が必要になります。また、都市計画区域外においても、1ヘクタール（10,000m^2）以上の開発行為については、開発許可が必要です。

都市計画法29条は、本節で解説した同条1項1号のほかにも数多くの開発許可の適用除外（都市計画事業の施行として行う開発行為、非常災害のため必要な応急措置として行う開発行為等）を定めていますが、基本となる読み方のノウハウは同じです。

実務に際しては、根拠となる都市計画法関連の条文を丁寧に読み込み、用語の定義や適用除外を理解しておきましょう。また、図表15の中に※で示しているように、規制対象規模を自治体が独自に条例で定めている場合等がありますので、条例も十分に確認して対応しましょう。

4

4 ◎…開発許可を「2つの基準」で審査する

▶▶技術基準と立地基準

前節4－3の図表15（113頁）の適用基準に示したとおり、開発許可による基準は、「技術基準」と「立地基準」の2つがあります。

図表16は、技術基準と立地基準の概要を示していますが、規模等によっては適用除外となりますので、実務では法令や条例等をよく確認しながら対応しましょう。

①技術基準

まず、「技術基準」は、全ての開発行為に適用される基準であり、都市計画法33条1項の各号に規定されています。

具体的には、用途地域の適合、道路・公園等の配置・構造、排水施設の構造・能力等、良好な市街地の形成を図るための一定の基準を定めています。

②立地基準

次に、「立地基準」は、市街化調整区域において開発行為等を行う場合に適用されます。この立地基準は、都市計画法34条1項の各号に規定されています。

市街化調整区域は、原則として開発行為が禁止されている区域ですので、この区域で開発行為（主として第2種特定工作物の建設の用に供する目的で行う開発行為を除く）を行おうとする場合には、技術基準に加え、立地基準にも適合するものに限って許可の対象となります。

図表 16　技術基準と立地基準の概要

技術基準		立地基準	
法 33 条 1 項	基準の概要	法 34 条 1 項	基準の概要
1 号	用途地域の適合	1 号	公益上・日常生活上、必要な建築物等
2 号	道路・公園等の配置・構造	2 号	鉱物資源・観光資源等の有効利用上、必要な建築物等
3 号	排水施設の構造・能力	3 号	温度・湿度・空気等の条件を必要とする建築物等
4 号	給水施設の構造・能力	4 号	農林漁業の用に供する建築物等
5 号	地区計画等の適合	5 号	所有権移転等促進計画の利用目的
6 号	公共公益施設の配置	6 号	都道府県・国等が助成等をする事業の建築物等
7 号	地盤・崖の安全	7 号	既存工場と密接な関連を有する事業の建築物等
8 号	災害危険区域等からの除外	8 号	危険物の貯蔵・処理に必要な建築物等
		8 号の 2	災害危険区域等から移転する建築物等
9 号	樹木の保存・表土の保全	9 号	道路の円滑な交通に必要な施設等
10 号	騒音・振動等の緩衝帯	10 号	地区計画等の区域内で計画に適合する建築物等
11 号	輸送の便（鉄道等の確保）	11 号	市街化区域に近隣接する等の地域
12 号	申請者の資力・信用	12 号	条例で定めた区域、目的又は予定建築物等の用途
13 号	工事施行者の能力	13 号	線引き後 6 か月以内に届出後、5 年以内に行う事業
14 号	関係権利者の同意	14 号	開発審査会において個別に審査

以上の内容から、開発許可の要否は、図表14（110頁）のように「①開発行為か？」と「②適用除外か？」の2つをイメージできることが重要になります。

そして、開発許可が必要となった場合には、技術基準と立地基準の2つの基準で審査することを覚えておきましょう。

▶▶開発審査会で個別に審査する

図表16（115頁）の立地基準の中で、14号の中に**開発審査会**という組織が記載されていました。

この開発審査会については、都市計画法78条に定められていますので、こちらの内容についても確認しておきましょう。

■都市計画法

（開発審査会）

第78条　第50条第1項前段に規定する審査請求に対する裁決その他この法律によりその権限に属させられた事項を行わせるため、都道府県及び指定都市等に、**開発審査会**を置く。

2　開発審査会は、委員5人以上をもつて組織する。

3　委員は、法律、経済、都市計画、建築、公衆衛生又は行政に関しすぐれた経験と知識を有し、公共の福祉に関し公正な判断をすることができる者のうちから、都道府県知事又は指定都市等の長が任命する。

4　次の各号のいずれかに該当する者は、委員となることができない。

一　破産者で復権を得ない者

二　禁錮以上の刑に処せられ、その執行を終わるまで又はその執行を受けることがなくなるまでの者

5　都道府県知事又は指定都市等の長は、委員が前項各号のいずれかに該当するに至つたときは、その委員を解任しなければならない。

6　都道府県知事又は指定都市等の長は、その任命に係る委員が次の各号のいずれかに該当するときは、その委員を解任することができる。

一　心身の故障のため職務の執行に堪えないと認められるとき。

二　職務上の義務違反その他委員たるに適しない非行があると認めら

れるとき。
7　委員は、自己又は3親等以内の親族の利害に関係のある事件については、第50条第1項前段に規定する審査請求に対する裁決に関する議事に加わることができない。
8　第2項から前項までに定めるもののほか、開発審査会の組織及び運営に関し必要な事項は、政令で定める基準に従い、都道府県又は指定都市等の条例で定める。

都市計画法34条14号による許可においては、開発審査会を開催して個別に審査することとなります。

この許可に際しては、具体的にその目的、規模、位置などを総合的に検討して、周辺の市街化を促進するおそれがなく、市街化区域内において行うことが困難又は著しく不適当と認める開発行為が許可の対象になります。

裁量的な要素があるため、公正かつ慎重な運用を図るため、開発審査会の議を経ることとなっています。

また、この開発審査会の詳細については、都市計画法78条8項により、自治体の**開発審査会条例**や開発審査会規則で定められていることがあるため、所管例規集で**条例等**も確認しておきましょう。

4 5 ◎…開発許可の「事務の流れ」を意識する

▶▶開発許可の事務の流れ

開発許可制度の趣旨と開発許可の基準が理解できたところで、実際の開発許可の事務の流れのイメージについて、図表17で確認しておきましょう。

「開発許可」の審査を経て許可を受けた申請者は、その後、開発行為に関する工事を行います。

図表17　開発許可の事務の流れのイメージ

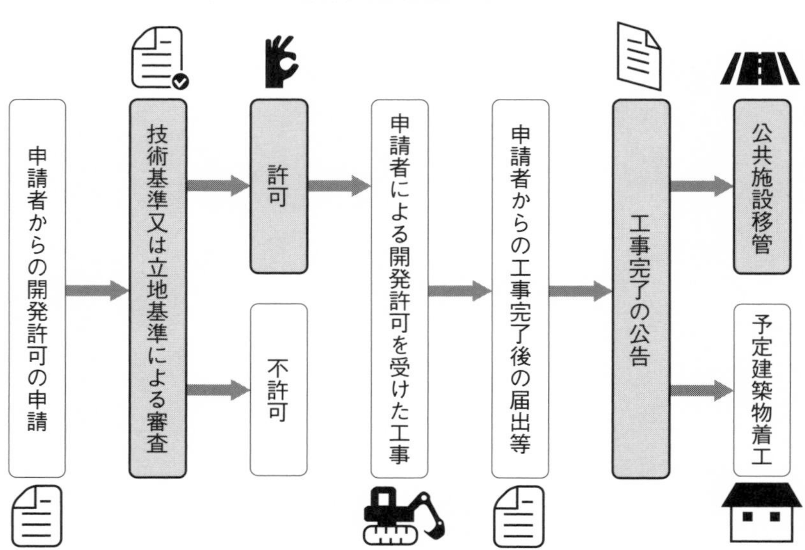

そして、申請者が工事を完了したときは、許可申請した自治体に届け出なければなりません（都市計画法36条1項）。

都市計画担当の実務としては、届け出を受けたら、この工事が開発許可の内容に適合しているかどうかを検査し、適合していると認めたときは、申請者に検査済証を交付することになります（都市計画法36条2項）。

また、この検査済証を交付したときは、この工事が完了したことを公告することになります（都市計画法36条3項）。

都市計画担当の実務としては、工事完了の公告を行ってもまだ終わりではありません。

開発許可を受けた開発行為によって公共施設（道路等）が設置されていた場合、これらの管理や土地を担当課へ移管する（引き継ぐ）必要が生じるので、注意が必要です（都市計画法39条及び40条）。

▶▶開発指導要綱による審査

全国の多くの自治体では、いわゆる「開発指導要綱」を定め、この要綱に基づく事前協議を運用しています。

これは、開発行為を計画しようとする者に事前協議申請書等を提出していただき、事前協議をすることにより、自治体の関係各課による意見集約や協議を行うことが可能になるものです。

各自治体が独自に要綱を定めて、これによる運用を図ることになるため、自治体によって、若干の運用の差異があります。

皆さんの自治体でも「開発指導要綱」を定めている場合には、その内容についても目を通しておきましょう。

4｜6 ◎…「地域地区」を使いこなす

▶▶地域地区とは

地域地区は、図表18のとおり、都市計画法８条１項各号に掲げる地域、地区又は街区です。これらは、都市計画区域内の土地利用に計画性を与えつつ、適正な制限のもとで土地の合理的な利用を図るために定めるものです。

これらの地域地区は、市町村決定によるものがほとんどであり、多くの都市計画担当が決定や変更の実務を経験することになります。

このため、都市計画担当は地域地区の理解を深め、これらを使いこなす必要がありますが、直ちに窓口対応や問い合わせが予測される**用途地域**（都市計画法８条１項１号）だけで**13種類**もあります。

そこで、次節４－７では、13種類の用途地域の内容や実務上の留意点について解説します。また、用途地域以外の地域地区については、次々節４－８で制度概要を解説します。

実際の都市計画担当の実務では、全ての地域地区の実務を経験する可能性は少ないでしょう。

このため、まずは皆さんの自治体でどの地域地区を活用しているか都市計画図や都市計画決定図書等で確認し、その内容を理解することから始めてみることをお勧めします。

図表18　地域地区の種類

都市計画法8条1項	地域地区の種類	関連法令（制限規定等）
1号	用途地域	建築基準法48条、52条～57条
2号	特別用途地区	建築基準法49条、自治体の条例
2号の2	特定用途制限地域	建築基準法49条の2、自治体の条例
2号の3	特例容積率適用地区	建築基準法57条の2～57条の4
2号の4	高層住居誘導地区	建築基準法52条、56条、57条の5
3号	高度地区	建築基準法58条
	高度利用地区	建築基準法59条
4号	特定街区	建築基準法60条
4号の2	都市再生特別地区	建築基準法60条の2
	居住調整地域	都市再生特別措置法90条
	居住環境向上用途誘導地区	建築基準法60条の2の2
	特定用途誘導地区	建築基準法60条の3
5号	防火地域	建築基準法61条～65条
	準防火地域	
5号の2	特定防災街区整備地区	建築基準法67条、67条の2
6号	景観地区	景観法62条～73条、建築基準法68条、自治体の条例
7号	風致地区	都市計画法58条、自治体の条例
8号	駐車場整備地区	駐車場法20条、自治体の条例
9号	臨港地区	港湾法40条、40条の2、41条、58条
10号	歴史的風土特別保存地区	古都における歴史的風土の保存に関する特別措置法8条
11号	第1種歴史的風土保存地区	明日香村における歴史的風土の保存及び生活環境の整備等に関する特別措置法3条
	第2種歴史的風土保存地区	
12号	緑地保全地域	都市緑地法8条
	特別緑地保全地区	都市緑地法14条
	緑化地域	都市緑地法35条
13号	流通業務地区	流通業務市街地の整備に関する法律5条
14号	生産緑地地区	生産緑地法8条
15号	伝統的建造物群保存地区	文化財保護法142条、143条、自治体の条例
16号	航空機騒音障害防止地区	特定空港周辺航空機騒音対策特別措置法5条
	航空機騒音障害防止特別地区	

4 7 ◎…「用途地域」で土地利用を適正に配分する

▶▶どんな用途地域が指定されているか

用途地域は、建築物の用途の混在による生活環境の悪化、都市機能の低下等が起こらないよう、建築物の用途、形態、建蔽率、容積率等についての制限を定める地域です。図表19のように、都市計画図には市街地の用途地域が着色して示されていますので、確認してみてください。

図表20のとおり、用途地域は13種類あります。都市計画マスタープランの将来都市構造図や土地利用方針図等を踏まえて、住居系、商業系、工業系の土地利用を適正に配分するように定めます。

これらの用途地域を定めることにより、住環境・利便性の向上、公害・災害の防止等、適正かつ合理的な土地利用の実現を目指します。

図表19　市街地の用途地域イメージ

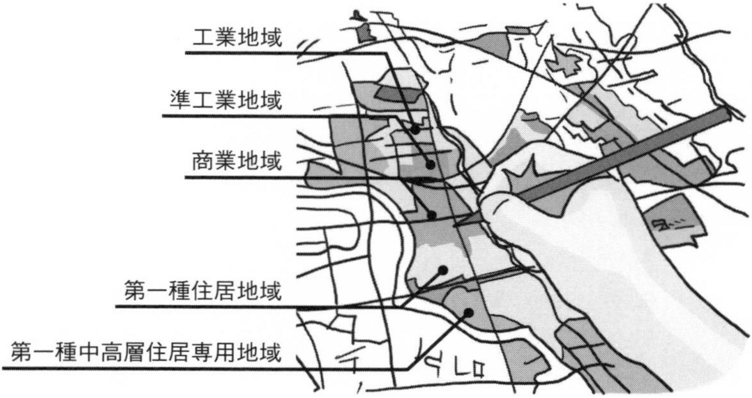

工業地域
準工業地域
商業地域
第一種住居地域
第一種中高層住居専用地域

図表 20　用途地域の意味

	法９条	用途地域	用途地域の意味
住居系	１項	第一種低層住居専用地域	低層住宅に係る良好な住居の環境を保護するため定める地域
	２項	第二種低層住居専用地域	主として低層住宅に係る良好な住居の環境を保護するため定める地域
	３項	第一種中高層住居専用地域	中高層住宅に係る良好な住居の環境を保護するため定める地域
	４項	第二種中高層住居専用地域	主として中高層住宅に係る良好な住居の環境を保護するため定める地域
	５項	第一種住居地域	住居の環境を保護するため定める地域
	６項	第二種住居地域	主として住居の環境を保護するため定める地域
	７項	準住居地域	道路の沿道としての地域の特性にふさわしい業務の利便の増進を図りつつ、これと調和した住居の環境を保護するため定める地域
	８項	田園住居地域	農業の利便の増進を図りつつ、これと調和した低層住宅に係る良好な住居の環境を保護するため定める地域
商業系	９項	近隣商業地域	近隣の住宅地の住民に対する日用品の供給を行うことを主たる内容とする商業その他の業務の利便を増進するため定める地域
	10 項	商業地域	主として商業その他の業務の利便を増進するため定める地域
工業系	11 項	準工業地域	主として環境の悪化をもたらすおそれのない工業の利便を増進するため定める地域
	12 項	工業地域	主として工業の利便を増進するため定める地域
	13 項	工業専用地域	工業の利便を増進するため定める地域

▷▷用途地域内の建築物の用途制限

用途地域を指定することによって、次頁の図表 21 に示す建築物の用途を制限することができます(建築基準法 48 条、別表第 2)。このように、用途地域は、住宅、商業施設、大規模な工場等が混在しない、秩序ある土地利用を図るために、とても重要な都市計画といえます。

図表21　用途地域内の建築物の用途制限（建築基準法48条、別表第2）

用途地域内の建築物の用途制限 □用途地域により建てられる用途 ▨用途地域により建てられない用途 ①、②、③、④：面積、階数等の制限あり ▲、△、■：面積、階数等の制限あり			第一種低層住居専用地域	第二種低層住居専用地域	第一種中高層住居専用地域	第二種中高層住居専用地域	第一種住居地域	第二種住居地域	準住居地域	田園住居地域	近隣商業地域	商業地域	準工業地域	工業地域	工業専用地域	用途白地地域※1	備考
住宅、共同住宅、寄宿舎、下宿															▨		
兼用住宅で、非住宅部分の床面積が、50 m^2 以下かつ建築物の延べ面積の1／2未満のもの															▨		非住宅部分の用途制限あり
店舗等	床面積	150 m^2 以下のもの	▨	①	②	③				①					④		①日用品販売店舗、喫茶店、理髪店及び建具屋等のサービス業用店舗のみ、2階以下 ②①に加えて、物品販売店舗、飲食店、損保代理店・銀行の支店・宅地建物取引業等のサービス業用店舗のみ。2階以下 ③2階以下 ④物品販売店舗、飲食店を除く ■農産物直売所、農家レストラン等のみ。2階以下
		150 m^2 を超え、500 m^2 以下のもの	▨	▨	②	③				■					④		
		500 m^2 を超え、1,500 m^2 以下のもの	▨	▨	▨	③				▨					④		
		1,500 m^2 を超え、3,000 m^2 以下のもの	▨	▨	▨	▨				▨					④		
		3,000 m^2 を超え、10,000 m^2 以下のもの	▨	▨	▨	▨	▨			▨					④		
		10,000 m^2 を超えるもの（大規模集客施設　※2）	▨	▨	▨	▨	▨	▨	▨	▨				▨	▨	▨	
事務所等	床面積	150 m^2 以下のもの	▨	▨	▨	▲				▨							
		150 m^2 を超え、500 m^2 以下のもの	▨	▨	▨	▲				▨							
		500 m^2 を超え、1,500 m^2 以下のもの	▨	▨	▨	▲				▨							▲2階以下
		1,500 m^2 を超え、3,000 m^2 以下のもの	▨	▨	▨	▨				▨							
		3,000 m^2 を超えるもの	▨	▨	▨	▨	▨			▨							
ホテル、旅館			▨	▨	▨	▨	▲			▨				▨	▨		▲3,000 m^2 以下
遊戯・風俗施設	ボーリング場、スケート場、水泳場、ゴルフ練習場等		▨	▨	▨	▨	▲			▨					▨		▲3,000 m^2 以下 ※3
	カラオケボックス等		▨	▨	▨	▨	▨	▲	▲	▨				▲	▲	▲	▲10,000 m^2 以下
	麻雀屋、ぱちんこ屋、射的場、馬券・車券発売所等		▨	▨	▨	▨	▨	▲	▲	▨				▲	▨	▲	▲10,000 m^2 以下
	劇場、映画館、演芸場、観覧場		▨	▨	▨	▨	▨	▨	△	▨				▨	▨	▲	▲客席10,000 m^2 以下、△客席200 m^2 未満
	キャバレー、個室付き浴場等		▨	▨	▨	▨	▨	▨	▨	▨	▨		▲	▨	▨		▲個室付浴場等を除く
公共施設・病院・学校等	幼稚園、小学校、中学校、高等学校													▨	▨		
	大学、高等専門学校、専修学校等		▨	▨						▨				▨	▨		
	図書館等														▨		
	巡査派出所、一定規模以下の郵便局等																
	神社、寺院、教会等																
	病院		▨	▨						▨				▨	▨		
	公衆浴場、診療所、保育所等																
	老人ホーム、身体障害者福祉ホーム等														▨		
	老人福祉センター、児童厚生施設等		▲	▲						▲							▲600 m^2 以下
	自動車教習所		▨	▨	▨	▨	▲			▨							▲3,000 m^2 以下

用途地域内の建築物の用途制限 □用途地域により建てられる用途 ▒用途地域により建てられない用途 ①、②、③、④：面積、階数等の制限あり ▲、△、■：面積、階数等の制限あり			第一種低層住居専用地域	第二種低層住居専用地域	第一種中高層住居専用地域	第二種中高層住居専用地域	第一種住居地域	第二種住居地域	準住居地域	田園住居地域	近隣商業地域	商業地域	準工業地域	工業地域	工業専用地域	用途白地地域※1	備考
工場・倉庫等	単独車庫（附属車庫除く）		▒	▒	▲	▲	▲	▲		▒							▲ 300 m² 以下　2階以下
工場・倉庫等	建築物附属自動車車庫 ①②③については、建築物の延べ面積の１／２以下かつ備考欄に記載の制限		①	①	②	②	③	③		①							① 600 m² 以下 1階以下 ② 3,000 m² 以下 2階以下 ③ 2階以下
			一団地の敷地内について別に制限あり														
工場・倉庫等	倉庫業倉庫		▒	▒	▒	▒	▒	▒		▒							
工場・倉庫等	自家用倉庫		▒	▒	▒	①	②			■							① 2階以下かつ 1,500 m² 以下 ② 3,000 m² 以下 ■農産物及び農業の生産資材を貯蔵するものに限る
工場・倉庫等	畜舎（15 m² を超えるもの）		▒	▒	▒	▒	▲			▒							▲ 3,000 m² 以下
工場・倉庫等	パン屋、米屋、豆腐屋、菓子屋、洋服店、畳屋、建具屋、自転車店等で作業場の床面積が 50㎡以下		▒	▲	▲	▲				▲							原動機の制限あり ▲ 2階以下
工場・倉庫等	危険性や環境を悪化させるおそれが非常に少ない工場		▒	▒	▒	▒	①	①	①	■	②	②					原動機・作業内容の制限あり 作業場の床面積 ① 50 m² 以下 ② 150 m² 以下 ■農産物を生産、集荷、処理及び貯蔵するものに限る
工場・倉庫等	危険性や環境を悪化させるおそれが少ない工場		▒	▒	▒	▒	▒	▒	▒	▒	②	②					
工場・倉庫等	危険性や環境を悪化させるおそれがやや多い工場		▒	▒	▒	▒	▒	▒	▒	▒	▒	▒					
工場・倉庫等	危険性が大きいか又は著しく環境を悪化させるおそれがある工場		▒	▒	▒	▒	▒	▒	▒	▒	▒	▒	▒				
工場・倉庫等	自動車修理工場		▒	▒	▒	▒	①	①	②	▒	③	③					作業場の床面積 ① 50 m² 以下 ② 150 m² 以下 ③ 300 m² 以下 原動機の制限あり
工場・倉庫等	火薬、石油類、ガスなどの危険物の貯蔵、処理の量	量が非常に少ない施設	▒	▒	▒	①	②			▒							① 1,500 m² 以下 2階以下 ② 3,000 m² 以下
工場・倉庫等	火薬、石油類、ガスなどの危険物の貯蔵、処理の量	量が少ない施設	▒	▒	▒	▒	▒	▒	▒	▒							
工場・倉庫等	火薬、石油類、ガスなどの危険物の貯蔵、処理の量	量がやや多い施設	▒	▒	▒	▒	▒	▒	▒	▒	▒	▒					
工場・倉庫等	火薬、石油類、ガスなどの危険物の貯蔵、処理の量	量が多い施設	▒	▒	▒	▒	▒	▒	▒	▒	▒	▒	▒				
卸売市場、火葬場、と畜場、汚物処理場、ごみ焼却場等			都市計画区域内においては原則として都市計画決定が必要														

※）本表は、令和３年 11 月時点で建築基準法 48 条及び別表２の概要を整理したものであり、すべての制限について掲載したものではありません。

※１　用途白地地域：用途地域の指定のない区域（市街化調整区域を除く）

※２　大規模集客施設：床面積 10,000 m² 超の店舗、映画館、アミューズメント施設、展示場等

※３　客席のあるものは観覧場として扱う

出典：国土交通省及び群馬県の資料をもとに作成

▶▶用途地域による建築物の形態制限

用途地域に応じて建築物の形態制限も異なるので確認しましょう。

①容積率、建蔽率

各用途地域に定めることができる容積率や建蔽率は、それぞれ建築基準法52条、同法53条に定められており、図表22のようになります。

図表22　容積率や建蔽率の制限一覧表

用途地域	容積率（%）	建蔽率（%）
第一種低層住居専用地域	50 60 80 100 150 200	30 40 50 60
第二種低層住居専用地域	50 60 80 100 150 200	30 40 50 60
第一種中高層住居専用地域	100 150 200 300 400 500	30 40 50 60
第二種中高層住居専用地域	100 150 200 300 400 500	30 40 50 60
第一種住居地域	100 150 200 300 400 500	50 60 80
第二種住居地域	100 150 200 300 400 500	50 60 80
準住居地域	100 150 200 300 400 500	50 60 80
田園住居地域	50 60 80 100 150 200	30 40 50 60
近隣商業地域	100 150 200 300 400 500	60 80
商業地域	200 300 400 500 600 700 800 900 1,000 1,100 1,200 1,300	80
準工業地域	100 150 200 300 400 500	50 60 80
工業地域	100 150 200 300 400	50 60
工業専用地域	100 150 200 300 400	30 40 50 60
用途地域の指定のない区域	50 80 100 200 300 400 ※	30 40 50 60 70 ※

※特定行政庁が都市計画審議会の議を経て定める

$$建蔽率(\%)=\frac{建築面積}{敷地面積}\times100$$

$$(右図の場合)=\frac{b}{A}\times100$$

$$容積率(\%)=\frac{延床面積}{敷地面積}\times100$$

$$(右図の場合)=\frac{b+c}{A}\times100$$

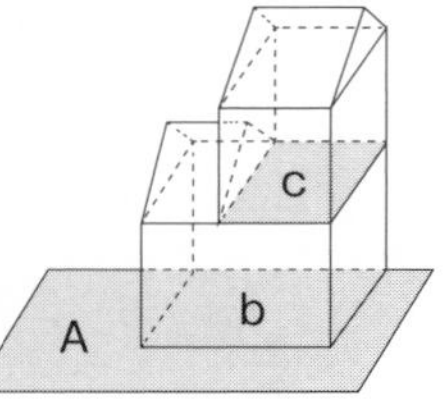

A＝敷地面積
b＝1階床面積（建築面積）
c＝2階床面積

出典：国土交通省資料をもとに作成

②斜線制限、道路幅員による容積率低減、日影規制

斜線制限は、道路や隣地に係る採光や通風等を保護するため、敷地境界線から一定の勾配で建築物の高さを制限するものです（図表23）。

道路幅員による容積率低減は、狭い道路にのみ面する敷地について、局所的な交通負荷を回避するため、指定容積率にかかわらず、前面道路の幅員に一定率（住居系用途地域：0.4、その他：0.6）を乗じた容積率に制限するものです。ただし、特定行政庁が都市計画審議会の議を経て指定する地域では、住居系用途地域では0.6、その他の地域では0.4又は0.8を指定することもできます。

日影規制は、住居系用途地域等において、日照を確保するため、条例

図表23　斜線制限

〔斜線制限〕

●住居系用途地域の場合

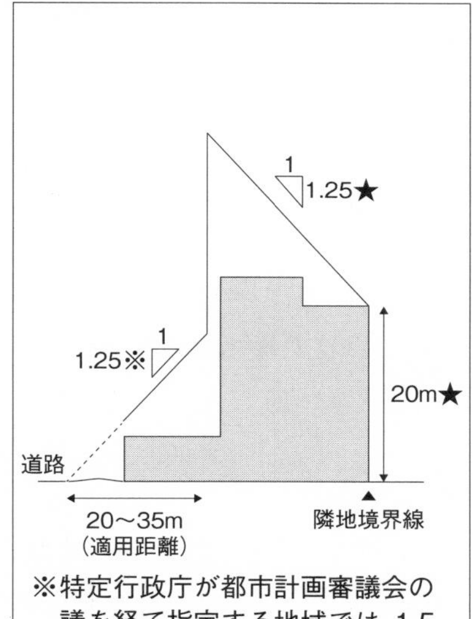

※特定行政庁が都市計画審議会の議を経て指定する地域では、1.5を指定することもできます。

★特定行政庁が都市計画審議会の議を経て指定する地域では、それぞれ2.5、31mを指定することもできます。

●その他の場合

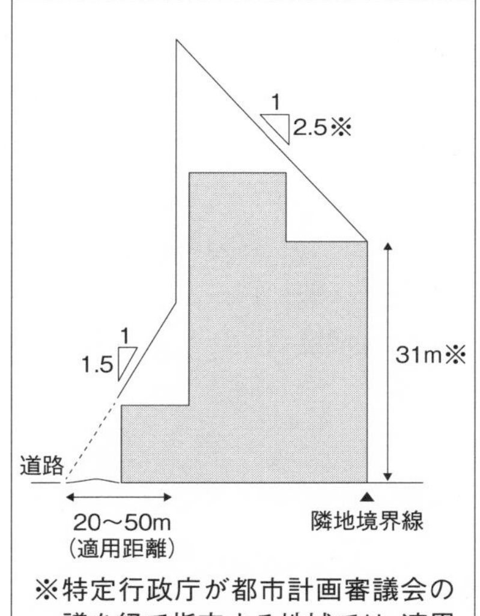

※特定行政庁が都市計画審議会の議を経て指定する地域では、適用除外とすることもできます。

出典：国土交通省資料をもとに作成

により建物が隣地に落とす日影の時間を制限するものです。

▶▶用途地域を定める際の留意点

13種類の用途地域を定める際、どのようなことに注意しておけばよいのでしょうか。都市計画担当が用途地域を定める際の留意点について、主な内容を理解しておきましょう。

①用途地域を定める区域と定めない区域がある

市街化区域については、少なくとも用途地域を定めるものとし、市街化調整区域については、原則として用途地域を定めないものとされています（都市計画法13条1項7号）。なお、準都市計画区域や非線引き都市計画区域にも用途地域を定めることができます。

②他法令により定められない区域がある

他法令による農用地区域や農地等の区域には、原則として用途地域を定めることができません（都市計画法施行令8条2項）。

このため、市街化編入等により新たに用途地域を指定する必要がある場合には、これらの他法令による区域を除外する手続（農業振興地域内の農用地区域の指定を外す手続である農振除外等）が必要になりますので、農政関係機関等との協議を踏まえながら事務手続を進める必要があります。

③地形、地物等の境界で区域を設定する

用途地域の区域等の境界は、道路、鉄道、河川、海岸、がけ等の地形、地物により定めます。都市計画図の用途地域を見ると、地形、地物の境界で区域を定めていることが多いことが理解できます。

④沿道は道路からの距離等で区域を設定する

幹線道路の沿道等に用途地域を定める場合には、道路の境界からの距離によって定めることがありますが、この場合は、境界の特定に支障の

ない区域とする必要があります。また、地域の状況等に応じて街区単位の区域を設定している場合のほか、地形、地物等を区域の境界とする場合等、必ずしも道路からの距離等で区域を設定していない場合もあります。

⑤業務の利便増進を図る沿道は主に４種類から選ぶ

幹線道路の沿道にふさわしい業務の利便の増進を図る地域では、近隣商業地域、商業地域、準工業地域、準住居地域のうちから適切な用途地域を定めることが行われています。

自動車交通量が多い幹線道路であり、道路交通騒音が環境基準を超過していたり、超過することが予想される地域では、近隣商業地域、商業地域、準工業地域が候補となります。また逆に、自動車交通量が比較的少ない道路であり、用途の混在等を防止しつつ住居や商業等の用に供する地域については、準住居地域が候補となります。

⑥騒音問題等が予測される地域は慎重を期する

鉄道沿線は、騒音問題が懸念されます。このため、公園による緑地帯や地形による緩衝帯等により居住環境に支障がない場合を除き、住居専用地域を定めないことが望ましいとされています。また、新幹線鉄道沿線や公共用飛行場の周辺については、原則として住居地域の指定は行わないことが望ましいとされています。

⑦環境影響が予測される地域は慎重を期する

都市施設のうち汚物処理場、ごみ焼却場その他の廃棄物処理施設及び熱供給施設が立地する地域については、工業系の用途地域とすることが望ましいとされています。

⑧関係機関との調整を行う

沿道では道路関係機関、非線引き都市計画区域では農政関係機関や農地転用関係機関等、関係機関との調整を行うことが重要です。

4-8 ◎…その他の地域地区は「制度概要」を押さえる

▶▶その他の地域地区

その他の地域地区は、必要に応じて定めることができるよう、制度概要を押さえるようにしておきましょう。都市計画法や都市計画運用指針等による制度概要をまとめると以下のとおりです。

①特別用途地区（都市計画法８条１項２号）

特別用途地区は、用途地域内の一定の地区における当該地区の特性にふさわしい土地利用の増進、環境の保護等の特別の目的の実現を図るため当該用途地域の指定を補完して定める地区です（都市計画法9条14項）。特別の目的から特定の用途の利便の増進又は環境の保護等を図るため、建築基準法に基づき地区の特性や課題に応じて自治体が定める条例で建築物の用途に係る規制の強化又は緩和を行うために定めます。

②特定用途制限地域（都市計画法８条１項２号の２）

特定用途制限地域は、用途地域が定められていない土地の区域（市街化調整区域を除く）内において、その良好な環境の形成又は保持のため当該地域の特性に応じて合理的な土地利用が行われるよう、制限すべき特定の建築物等の用途の概要を定める地域です（都市計画法9条15項）。用途地域が定められていない土地の区域内において、良好な居住環境に支障を生じさせる、あるいは良好な居住環境にそぐわないおそれのある建築物などの建築を制限する必要がある場合に定めます。

③特例容積率適用地区（都市計画法８条１項２号の３）

特例容積率適用地区は、第一種中高層住居専用地域、第二種中高層住居専用地域、第一種住居地域、第二種住居地域、準住居地域、近隣商業地域、商業地域、準工業地域又は工業地域内の適正な配置及び規模の公共施設を備えた土地の区域において、建築基準法52条1項から9項までの規定による建築物の容積率の限度からみて未利用となっている建築物の容積の活用を促進して土地の高度利用を図るため定める地区です（都市計画法9条16項）。

④高層住居誘導地区（都市計画法８条１項２号の４）

高層住居誘導地区は、住居と住居以外の用途とを適正に配分し、利便性の高い高層住宅の建設を誘導するため、第一種住居地域、第二種住居地域、準住居地域、近隣商業地域又は準工業地域でこれらの地域に関する都市計画において建築基準法52条1項2号に規定する建築物の容積率が10分の40又は10分の50と定められたものの内において、建築物の容積率の最高限度、建築物の建蔽率の最高限度及び建築物の敷地面積の最低限度を定める地区です（都市計画法9条17項）。

⑤高度地区・高度利用地区（都市計画法８条１項３号）

高度地区は、用途地域内において市街地の環境を維持し、又は土地利用の増進を図るため、建築物の高さの最高限度又は最低限度を定める地区です（都市計画法9条18項）。

高度利用地区は、用途地域内の市街地における土地の合理的かつ健全な高度利用と都市機能の更新とを図るため、建築物の容積率の最高限度及び最低限度、建築物の建蔽率の最高限度、建築物の建築面積の最低限度並びに壁面の位置の制限を定める地区です（都市計画法9条19項）。

⑥特定街区（都市計画法８条１項４号）

特定街区は、市街地の整備改善を図るため街区の整備又は造成が行われる地区について、その街区内における建築物の容積率並びに建築物の高さの最高限度及び壁面の位置の制限を定める街区です（都市計画法9

条20項)。

⑦都市再生特別地区・居住調整地域・居住環境向上用途誘導地区・特定用途誘導地区（都市計画法８条１項４号の２）

都市再生特別地区は、国が定める都市再生緊急整備地域の整備に関する方針の方向に沿った都市開発事業等を迅速に実現するため、用途地域等による用途規制や容積率制限、斜線制限、日影規制等を適用除外としています。建築確認のみで都市再生特別地区の内容を実現できる事前明示性の高い仕組みにより、都市の再生に貢献し、土地の合理的かつ健全な高度利用を図る特別の用途、容積、高さ、配列等の建築物の建築を誘導することを目指した地域地区です。

居住調整地域は、工場等の誘導は否定しないものの、居住を誘導しないこととする区域において住宅地化を抑制するために定める地域地区です。立地適正化計画の区域のうち、①区域区分が定められている場合には、市街化区域内かつ居住誘導区域外の区域、②区域区分が定められていない場合には、居住誘導区域外の区域、のいずれかの区域に定めることができます。

居住環境向上用途誘導地区は、居住誘導区域内において、居住環境向上施設に限定して用途規制や容積率の緩和を行う一方、それ以外の建築物については従前通りの規制を適用することにより、居住環境向上施設を有する建築物の建築を誘導することを目的とする地域地区です。

特定用途誘導地区は、都市機能誘導区域内において、誘導施設に限定して容積率や用途規制の緩和を行う一方、それ以外の建築物については従前通りの規制を適用することにより、誘導施設を有する建築物の建築を誘導することを目的とする地域地区です。

⑧防火地域・準防火地域（都市計画法８条１項５号）

防火地域又は準防火地域は、市街地における火災の危険を防除するため定める地域です（都市計画法9条21項)。

⑨特定防災街区整備地区（都市計画法８条１項５号の２）

特定防災街区整備地区は、防火地域又は準防火地域の土地の区域のうち、老朽化した木造建築物の密集及び公共施設整備の不足等の土地利用の状況から防災上危険な密集市街地において、火災又は地震発生時における当該地区の延焼防止上及び避難上の機能の改善による密集市街地全体の安全性向上と当該地区の合理的かつ健全な土地利用の実現を図ることを目指した地域地区です。

⑩景観地区（都市計画法８条１項６号）

景観地区は、市街地の良好な景観の形成を図るために定める地域地区です。すでに良好な景観が形成されている地区のみならず、現在、良好な景観が保たれていないものの、今後、良好な景観を形成していこうとする地区について、幅広く活用することが可能です。

⑪風致地区（都市計画法８条１項７号）

風致地区は、都市の風致を維持するため定める地区です（都市計画法9条22項）。良好な自然的景観を形成している土地の区域のうち、都市における土地利用計画上、都市環境の保全を図るため風致の維持が必要な区域です。

⑫駐車場整備地区（都市計画法８条１項８号）

駐車場整備地区は、商業地域、近隣商業地域等で、自動車交通が著しく輻輳（ふくそう）する地区において、道路の効用を保持し、円滑な道路交通を確保する必要があると認められる区域について、駐車施設の整備を促進すべき地区です。

⑬臨港地区（都市計画法８条１項９号）

臨港地区は、港湾を管理運営するため定める地区です（都市計画法9条23項）。その対象地域は、港湾施設のほか、海事関係官公署、臨海工場等港湾を管理運営する上で必要な施設が立地する地域及び将来これらの施設のために供せられる地域として、分区条例等港湾法に基づき、必要な土地利用規制が課せられる地域です。

⑭歴史的風土特別保存地区（都市計画法８条１項10号）

歴史的風土特別保存地区は、古都における歴史的風土の保存に関する特別措置法に基づき指定された歴史的風土保存区域内において、枢要な部分を構成している地域です。

⑮第一種歴史的風土保存地区・第二種歴史的風土保存地区（都市計画法８条１項11号）

奈良県高市郡明日香村は、歴史的風土特別保存地区の特例として、明日香村における歴史的風土の保存及び生活環境の整備等に関する特別措置法２条に規定する明日香村歴史的風土保存計画に定める基準に基づき、第一種歴史的風土保存地区及び第二種歴史的風土保存地区に区分されています。

第一種歴史的風土保存地区は、歴史的風土を保存するため枢要な部分で、現状の変更を厳に抑制し、その状態において歴史的風土の維持保存を図るべき地域です。

第二種歴史的風土保存地区は、第一種歴史的風土保存地区の周囲にあってこれと一体となって歴史的風土を形成している地域、随所に所在する重要な歴史的文化的遺産がその周囲の環境と一体をなして歴史的風土を形成する地域等です。

⑯緑地保全地域・特別緑地保全地区・緑化地域（都市計画法８条１項12号）

緑地保全地域は、無秩序な市街地化の防止、地域住民の健全な生活環境の確保等の観点から適正に保全する必要がある緑地について、一定の土地利用との調和を図りつつ適正な保全を図ることを目的として定める地域地区です。

特別緑地保全地区は、都市の無秩序な拡大の防止に資する緑地、都市の歴史的・文化的価値を有する緑地、生態系に配慮したまちづくりのための動植物の生息・生育地となる緑地等の保全を図ることを目的とする地域地区です。

緑化地域は、良好な都市環境の形成に必要な緑地が不足し、建築物の敷地等において緑化を推進する必要がある区域を定め、敷地が大規模な建築物について緑化率の最低限度の規制を行う地域地区です。

⑰流通業務地区（都市計画法８条１項13号）

流通業務地区は、当該都市における流通機能の向上及び道路交通の円滑化を図るため、流通業務市街地として整備すべき地域です。流通業務地区内では、流通業務に関連する施設以外の設置が規制されます。

⑱生産緑地地区（都市計画法８条１項14号）

生産緑地地区は、市街化区域内において緑地機能及び多目的保留地機能（公園、緑地等の公共施設等の敷地の用に供する土地として適していること）の優れた農地等を計画的に保全し、もって良好な都市環境の形成に資することを目的として定める地域地区です。

⑲伝統的建造物群保存地区（都市計画法８条１項15号）

伝統的建造物群保存地区は、文化財保護法142条の規定によるものであり、伝統的建造物群及びこれと一体をなしてその価値を形成している環境を保存するため定める地域地区です。

⑳航空機騒音障害防止地区・航空機騒音障害防止特別地区（都市計画法８条１項16号）

航空機騒音障害防止地区は、航空機の著しい騒音が及ぶこととなる地域について定める地域地区です。

航空機騒音障害防止特別地区は、航空機騒音障害防止地区のうち航空機の特に著しい騒音が及ぶこととなる地域について定める地域地区です。

4 9 ◎…「地区計画」で地区独自のまちづくりを実現する

▶▶地区計画とは

地区計画は、都市計画法12条の4第1項による5種類の地区計画等（地区計画、防災街区整備地区計画、歴史的風致維持向上地区計画、沿道地区計画、集落地区計画）のうちの1つです。イメージとしては、図表24のようにきめ細かなルールを定めることができます。

この地区計画は、建築物の建築形態、公共施設その他の施設の配置等から見て、一体としてそれぞれの区域の特性にふさわしい態様を備えた良好な環境の各街区を整備し、開発し、及び保全するための計画です。

図表24　地区計画のイメージ

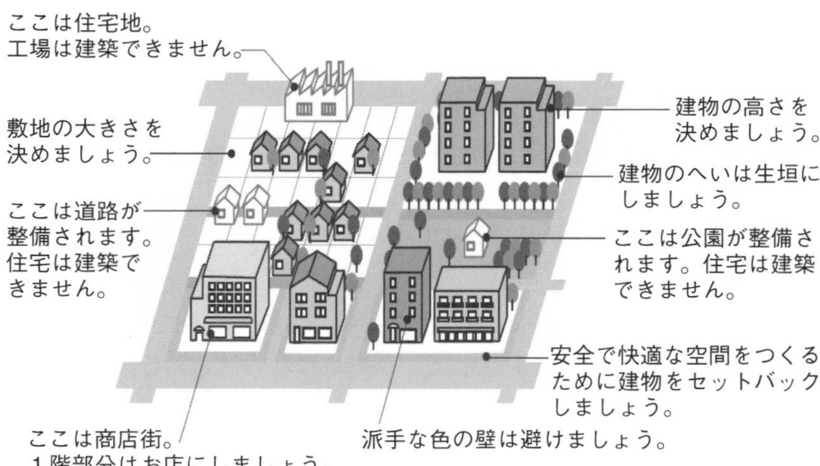

▶▶地区計画を定める区域

地区計画は、①と②のいずれかに該当する土地の区域に定めるものとされています（都市計画法 12 条の 5 第 1 項）。

①用途地域が定められている土地の区域

用途地域が定められている土地の区域には、地区計画を定めることができます（都市計画法 12 条の 5 第 1 項 1 号）。

②用途地域が定められていない土地の区域のうち次のいずれかに該当するもの

用途地域が定められていない土地の区域にも、⑴から⑶までのいずれかに該当すれば地区計画を定めることができます（都市計画法 12 条の 5 第 1 項 2 号）。

⑴住宅市街地の開発その他建築物若しくはその敷地の整備に関する事業が行われる、又は行われた土地の区域
⑵建築物の建築又はその敷地の造成が無秩序に行われ、又は行われると見込まれる一定の土地の区域で、公共施設の整備の状況、土地利用の動向等からみて不良な街区の環境が形成されるおそれがあるもの
⑶健全な住宅市街地における良好な居住環境その他優れた街区の環境が形成されている土地の区域

▶▶都市計画には何を定めるのか

地区計画等については、都市計画に地区計画等の種類、名称、位置、区域を定めるとともに、区域の面積等を定めるよう努めるものとされています（都市計画法 12 条の 4 第 2 項）。

さらに地区計画については、上記のほか、道路や公園等の「地区施設」、建築物等の整備や土地の利用に関する計画の「地区整備計画」を定めま

す。また、「当該地区計画の目標」と「当該区域の整備、開発及び保全に関する方針」を定めるよう努めるものとされています（都市計画法12条の5第2項各号）。

「地区整備計画」には、地区施設の配置や規模、建築物等の用途の制限等、さまざまな事項を定めることができます（都市計画法12条の5第7項各号）。

これらをまとめると、地区整備計画に定めることができる具体的な内容は、以下のように整理することができます。

①地区施設の配置及び規模

必要な道路、公園、広場等を「地区施設」に定め、その配置や規模を定めることができます。

②建築物等に関する事項

主に⑴から⑿までの内容等（市街化調整区域内において定められる地区整備計画については、建築物の容積率の最低限度、建築物の建築面積の最低限度及び建築物等の高さの最低限度を除く）を定めることができます。

⑴建築物等の用途の制限
⑵建築物の容積率の最高限度又は最低限度
⑶建築物の建蔽率の最高限度
⑷建築物の敷地面積又は建築面積の最低限度
⑸建築物の敷地の地盤面の高さの最低限度
⑹壁面の位置の制限
⑺壁面後退区域における工作物の設置の制限
⑻建築物等の高さの最高限度又は最低限度
⑼建築物の居室の床面の高さの最低限度
⑽建築物等の形態又は色彩その他の意匠の制限
⑾建築物の緑化率の最低限度
⑿垣又はさくの構造の制限

③土地の利用に関する事項

現存する樹林地、草地等で良好な居住環境を確保するため必要なものの保全に関する事項等を定めることができます。

▶▶重複する都市計画を廃止することもできる

地区計画を指定することによって、既存の都市計画を廃止することができる点についても触れておきましょう。

すでに特別用途地区を指定して建築物等の用途を制限している範囲に新たな地区計画を指定することによって、特別用途地区を廃止することも可能です。同じ土地利用制限が重複してしまうからです。そして、特別用途地区を廃止した場合には、地区計画の審査に一本化されます。

地区計画の指定によって自治体独自のきめ細かい都市計画が可能であることから、新たな地区計画の指定により土地利用制限を重ね合わせるだけでなく、重複する土地利用制限を廃止することもできます。

このように、地区計画は、地域住民や地権者の意見を踏まえながら、より地域にふさわしい都市計画を実現し、かつわかりやすい土地利用制限を実現できる手法としても期待されます。

4 10 ◎…「地区整備計画」への適合を審査する

▶▶届出を審査する

地区整備計画を定めると、都市計画担当の実務としては、届出を審査する事務が生じます。ここでは、いくつかの実務のポイントを理解しておきましょう。まず、都市計画法58条の2により、図表25のとおり届出・勧告制度が始まることをイメージしてください。自治体によって運

図表25　地区計画区域内における手続のイメージ（建築物の建築等）

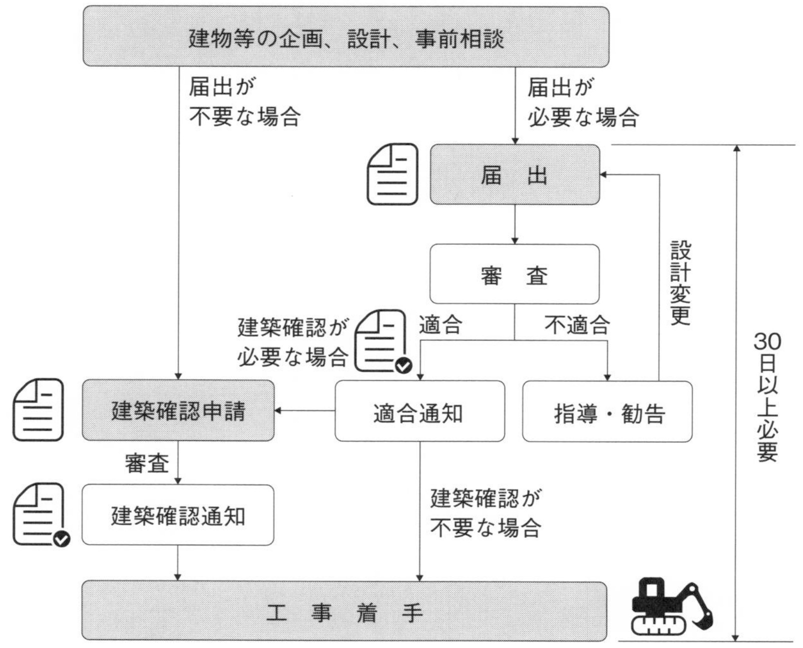

用に若干の差があるかもしれませんが、おおむねこのようになります。

■都市計画法

（建築等の届出等）

第58条の2　地区計画の区域（再開発等促進区若しくは開発整備促進区（いずれも第12条の5第5項第1号に規定する施設の配置及び規模が定められているものに限る。）又は地区整備計画が定められている区域に限る。）内において、**土地の区画形質の変更、建築物の建築その他政令で定める行為を行おうとする者は、当該行為に着手する日の30日前までに**、国土交通省令で定めるところにより、行為の種類、場所、設計又は施行方法、着手予定日その他国土交通省令で定める事項を**市町村長に届け出なければならない**。ただし、次に掲げる行為については、この限りでない。

一　通常の管理行為、軽易な行為その他の行為で政令で定めるもの

二　非常災害のため必要な応急措置として行う行為

三　国又は地方公共団体が行う行為

四　都市計画事業の施行として行う行為又はこれに準ずる行為として政令で定める行為

五　**第29条第1項の許可を要する行為その他政令で定める行為**

2　（略）

3　市町村長は、第1項又は前項の規定による届出があつた場合において、その届出に係る行為が地区計画に適合しないと認めるときは、その届出をした者に対し、その届出に係る行為に関し設計の変更その他の必要な措置をとることを**勧告**することができる。

4　（略）

都市計画法58条の2により、地区計画の区域で建築等の行為を行おうとする者は、**行為着手の30日前までに届け出なければなりません**。

そして、都市計画担当は、この届出内容を審査します。地区計画に適合しないときは、市町村長が**勧告**することができます。

勧告による設計変更が行われ、再度の届出があった場合には、再び内容を審査し、適合する場合には適合通知を行います。

ここで補足になりますが、少し注意しなければならないのは、都市計画法58条の2第1項5号です。

まず、前段の「第29条第1項の許可を要する行為」は、4－3で解説した開発許可を要する行為になります。開発許可を要する行為については、開発許可の事務で審査されるため、届出は不要です（都市計画法33条1項5号）。

次に、後段の「その他政令で定める行為」については、都市計画法施行令38条の7に詳細が定められています。この部分については特に、図表25にもある建築確認（建築基準法6条1項）が重要になります。

■都市計画法施行令

（建築等の届出を要しないその他の行為）

第38条の7　法第58条の2第1項第5号の政令で定める行為は、次に掲げるものとする。

一・二（略）

三　**建築基準法第6条第1項**（同法第87条第1項又は第88条第2項において準用する場合を含む。）の**確認**又は同法第18条第2項（同法第87条第1項又は第88条第2項において準用する場合を含む。）の通知を要する建築物の建築、工作物の建設又は建築物等の用途の変更（当該建築物等又はその敷地について地区計画において定められている内容（次に掲げる事項を除く。）の全てが**同法第68条の2第1項**（同法第87条第2項若しくは第3項又は第88条第2項において準用する場合を含む。）の規定に基づく**条例**で制限として定められている場合に限る。）

イ～ニ（略）

四・五（略）

建築物の敷地、構造、建築設備又は用途に関する事項については、建築基準法68条の2第1項の規定により、地区計画の内容として定められたものを**条例**でこれらに関する制限として定めることができます。

そして、この場合には、建築確認の事務で審査を行うことになるため、建築確認の担当課とも連携しておく必要があります。

■建築基準法

（市町村の条例に基づく制限）

第68条の2　市町村は、**地区計画等の区域**（地区整備計画、特定建築物地区整備計画、防災街区整備地区整備計画、歴史的風致維持向上地区整備計画、沿道地区整備計画又は集落地区整備計画（以下「地区整備計画等」という。）が定められている区域に限る。）**内において、建築物の敷地、構造、建築設備又は用途に関する事項で当該地区計画等の内容として定められたものを、条例で、これらに関する制限として定めることができる。**

2～5　（略）

▶▶関連する許可事務等の理解を深める

実際に図表25の事務を行う上では、届出や建築確認以外の事務に関する理解を深めることも重要です。届出は、行為着手の30日前までに行われますが、実際には建築確認だけでなく、それ以外の許可も必要になる場合があるからです。

例えば、事業認可後の土地区画整理事業の施行区域内であれば、**土地区画整理法76条の許可**が必要になることがあります。さらに、屋外広告物を表示する場合には、別途、**屋外広告物条例に基づく許可**が必要になるでしょう。

これらは、関連する許可事務等の一例にすぎませんが、申請者からは関連する許可申請事務のお問い合わせを受けることがあります。このため、都市計画担当は、地区計画による届出・勧告制度だけでなく、関連する他法令による許可事務等の理解も深めておくとよいでしょう。

第5章
都市施設のポイント

5 1 ◎…「都市施設」って何だろう？

▶▶都市施設とは

人口や産業が集中する都市では、通勤・通学、買物、レクリエーション等の日常生活や商業・業務の産業活動等、さまざまな都市活動が営まれます。都市計画図に記載されている図表26のような都市施設は、機能的な都市活動や良好な都市環境を維持するために重要な公共施設です。

「都市施設」とは、都市計画において定められるべき都市計画法11条1項各号に掲げる施設をいい、「都市計画施設」とは、都市計画において定められた同法11条1項各号に掲げる施設をいいます。

このため、都市計画区域に必要な都市施設を図表27から選び、都市計画に定めたものが都市計画施設ということになります。

図表26　市街地の都市施設イメージ

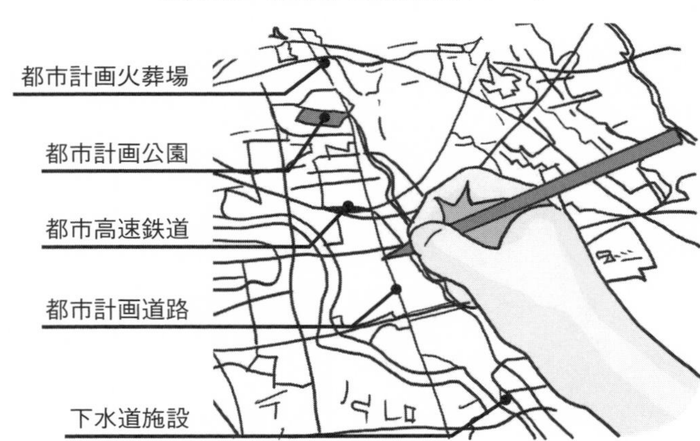

図表 27　都市施設の種類（都市計画法 11 条 1 項）

号	都市施設の種類	備　考 （第 11 版　都市計画運用指針による解説等）
1	道路、都市高速鉄道、駐車場、自動車ターミナルその他の交通施設	※第 11 版　都市計画運用指針 その他交通施設として、空港、軌道（都市高速鉄道に該当するものを除き、路面電車は含まれる。）、通路（道路に該当するものを除く。）、交通広場（道路、広場に該当するものを除く。）が考えられる
2	公園、緑地、広場、墓園その他の公共空地	※第 11 版　都市計画運用指針 「その他の公共空地」の例は運動場である。
3	水道、電気供給施設、ガス供給施設、下水道、汚物処理場、ごみ焼却場その他の供給施設又は処理施設	※第 11 版　都市計画運用指針 その他の供給施設としては、地域冷暖房施設や、下水処理水の保有熱、ごみ焼却場の廃熱等の未利用エネルギーを回収し、都市のエネルギーとして活用する施設（導管を含む。）が考えられる
4	河川、運河その他の水路	
5	学校、図書館、研究施設その他の教育文化施設	
6	病院、保育所その他の医療施設又は社会福祉施設	※第 11 版　都市計画運用指針 病院、保育所を初め、診療所、老人福祉施設その他の医療施設又は社会福祉施設等、主に民間が整備する都市施設については、都市施設として都市計画決定し、都市計画事業として整備を行うこともできる
7	市場、と畜場又は火葬場	
8	一団地の住宅施設	一団地における 50 戸以上の集団住宅及びこれらに附帯する通路その他の施設をいう
9	一団地の官公庁施設	一団地の国家機関又は地方公共団体の建築物及びこれらに附帯する通路その他の施設をいう
10	一団地の都市安全確保拠点施設	溢（いっ）水、湛（たん）水、津波、高潮その他の自然現象による災害が発生した場合における居住者等の安全を確保するための拠点となる一団地の特定公益的施設及び公共施設をいう
11	流通業務団地	
12	一団地の津波防災拠点市街地形成施設	※津波防災地域づくりに関する法律２条 15 項
13	一団地の復興再生拠点市街地形成施設	※福島復興再生特別措置法 32 条１項
14	一団地の復興拠点市街地形成施設	※大規模災害からの復興に関する法律２条８号
15	その他政令で定める施設	※都市計画法施行令５条 法 11 条１項 15 号の政令で定める施設は、電気通信事業の用に供する施設又は防風、防火、防水、防雪、防砂若しくは防潮の施設とする

都市計画施設は、位置、規模、構造等を定め、計画的な都市計画事業により整備します。都市計画事業の施行イメージは図表28のとおりであり、都市計画決定後に事業認可を経て、施行されます。

図表 28　都市計画事業の施行イメージ

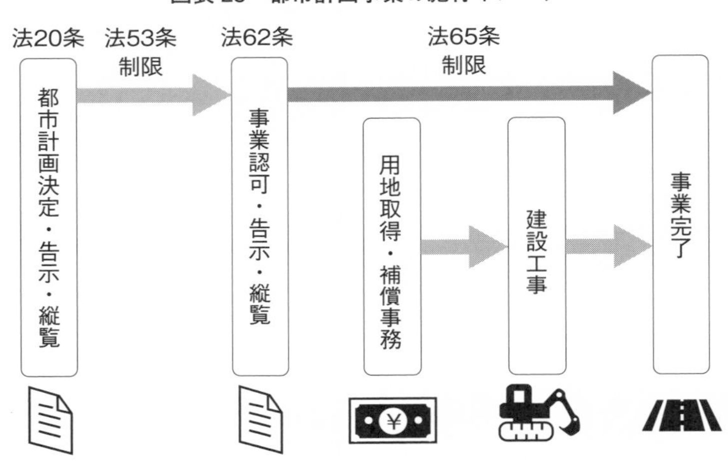

▶▶法53条による都市計画施設内の建築制限

都市計画道路をはじめとした都市計画施設の区域内は、将来の事業の円滑な施行を確保するため、法53条により建築物の建築が制限されます。具体的には、建築物の建築に際しては許可を受ける必要があり、法54条の許可の基準等に該当する場合に限り、建築が許可されます（ただし、軽易な行為、非常災害のため必要な応急措置として行う行為等の適用除外があります）。

▶▶法54条による建築の許可の基準

許可の基準については、法54条各号に定められています。まず覚えたい基準は、多くのお問い合わせを受ける法54条3号です。建築物が、次に掲げる要件に該当し、かつ、容易に移転し、又は除却することができるものであると認められることが必要です（法54条3号）。
①階数が2以下でかつ、地階を有しないこと。
②主要構造部が木造、鉄骨造、コンクリートブロック造その他これらに類する構造であること。

この法54条3号では、「かつ、容易に移転し、又は除却することができるものである」という部分がポイントです。たとえ①や②の要件に該当する構造であっても、物理的、経済的に容易に移転し、又は除却することができない場合には、不許可とすることができます。

▶▶法65条による都市計画施設内の建築制限

都市計画事業は、市町村が都道府県知事の認可を受けて実施することになります。また、都道府県は、市町村が施行することが困難又は不適当な場合その他特別な事情がある場合には、国土交通大臣の認可を受けて、都市計画事業を施行することができます（法59条）。

法62条の事業認可後は、法53条による建築制限よりも強い法65条による制限となります。制限の目的そのものが、都市計画事業の妨害を防止することになるためです。

▶▶法65条による建築の許可

都市計画事業の認可後は、都市計画事業の施行の障害となるおそれがある土地の形質の変更、建築物の建築その他工作物の建設を行い、又は政令で定める移動の容易でない物件の設置や堆積を行おうとする者は、許可を受けなければなりません（法65条1項）。

また、許可申請があった場合、その許可を与えようとするときは、あらかじめ、施行者の意見を聴かなければなりません（法65条2項）。このため、法54条による許可の基準とは異なり、移転・除却が容易な建築行為であったとしても許可されるとは限らなくなります。

5 2 ◎…「交通施設」で都市の骨格をつくる

▶▶交通施設とは

道路をはじめとした交通施設は、物資の輸送や人々が移動するための重要な社会基盤であり、私たちの生活環境にも大きな役割を果たしています。交通施設には、道路や鉄道という線的な交通路だけでなく、鉄道駅、自動車ターミナル、駅前広場、駐車場といった交通結節施設も含まれます。これらの交通施設を整備することにより、都市の骨格をつくることができます。

特に、道路は多様な機能を有する都市施設であり、①円滑な移動を確保する交通機能、②都市環境、都市防災、供給処理施設（電気・ガス・上下水道等）のための空間機能、③都市構造を形成し、街区を構成するための市街地形成機能等を有しています。

自動車ターミナルは、バスやトラック等の旅客の乗降又は貨物の積卸しのため路外に設置される交通結節施設であり、バスターミナルとトラックターミナルがあります。また、駐車場は、自動車駐車場と自転車駐車場があります。

▶▶交通施設のさまざまな整備

皆さんが生活する中で最もよく見る交通施設の整備は、都市部での都市計画道路の道路改築事業ではないかと思います。

このような道路改築事業のことを街路事業といい、都市における円滑な交通の確保、豊かな公共空間を備えた良好な市街地の形成を図り、安全で快適な都市生活と機能的な都市活動に寄与することを目的として行われます。

都市部では、道路改築事業のほか無電柱化推進計画事業、連続立体交差事業等が実施されていることもあります。これらの概要を理解しておきましょう。

①道路改築事業

道路改築事業は、都市計画道路を改築または新設する事業です。この道路改築事業を行うことによって、市街地内の交通渋滞の緩和や移動時間の短縮、物流の効率化、歩行者・自転車の安全確保等を図ることができます。道路改築に併せて、橋梁（河川等にかかる橋）整備事業や共同溝（複数の公益事業者の電線、ガス管、水道管等を収容するため道路管理者が道路の地下に設ける施設）設置事業が行われることもあります。

②無電柱化推進計画事業

無電柱化は、道路の防災性能の向上、通行空間の安全性・快適性の確保、良好な景観形成の３つの観点からとても重要です。無電柱化については、無電柱化の推進に関する法律に基づき策定された「無電柱化推進計画」に基づき、無電柱化の必要性が高い区間から重点的に実施することとされています。

③連続立体交差事業

連続立体交差事業は、都市を分断している鉄道を立体化することにより、多数の踏切を除却し、踏切事故の解消、都市交通の円滑化、市街地の一体化による地域の活性化を図る事業です。

街路整備、駅前広場整備、土地区画整理事業、市街地再開発事業等と総合的に計画し、同時に実施することにより、都市整備や都市の発展に大きな効果を期待することもできます。

多くの都市では、駅及び駅前広場等を整備し、利便性とアクセス性を向上させることで、駅を拠点とした魅力と活力のある都市づくりが進められています。

▶▶都市計画道路の種別

都市計画道路の種別としては、大きな区分として、まず自動車専用道路、幹線街路、区画街路、特殊街路に分かれています（都市計画法施行規則７条１項１号）。

また、幹線街路は３つの名称で使い分けられることがあります。それらの名称と概要は以下のとおりです。

①主要幹線街路：都市の拠点間の交通のための幹線街路

②都市幹線街路：都市内の各地区の交通のための幹線街路

③補助幹線街路：①又は②に囲まれた区域内の交通のための幹線街路

▶▶都市計画道路の番号の意味

都市計画図の都市計画道路を確認すると、都市計画道路の路線名だけでなく、番号が付されています。これは何でしょうか？

都市計画道路の名称は、番号及び路線名で表し、番号は区分．規模．一連番号（都市計画区域及び区分ごと）を示しています。

写真３　（例）3.2.1 上武国道

例えば、写真3の（例）3. 2. 1 上武国道であれば、図表29のとおり、「3」は区分で幹線街路、「2」は規模で幅員30m以上40m未満、「1」は一連番号で所在する都市計画区域における第1番目の道路を示しています。

図表29　都市計画道路の番号の意味

【区　　分】

1　自動車専用道路：都市高速道路、都市間高速道路、一般自動車道等専ら自動車の交通の用に供する道路

3　幹線街路：都市内におけるまとまった交通を受け持つとともに、都市の骨格を形成する道路

7　区画街路：地区における宅地の利用に供するための道路

8　特殊街路：専ら歩行者、自転車又は自転車及び歩行者のそれぞれの交通の用に供する道路

9　特殊街路：専ら都市モノレール等の交通の用に供する道路

10　特殊街路：主として路面電車の交通の用に供する道路

【規　　模】

1　幅員40m以上のもの

2　幅員30m以上40m未満のもの

3　幅員22m以上30m未満のもの

4　幅員16m以上22m未満のもの

5　幅員12m以上16m未満のもの

6　幅員8m以上12m未満のもの

7　幅員8m未満のもの

【一連番号】

所在する都市計画区域ごとに【区分】ごとの一連番号を付けます

出典：国土交通省資料をもとに作成

▶▶都市計画道路に定める意義

都市計画道路に関して都市計画に定める事項は、都市施設の種類、名称、位置です（都市計画法11条2項）。また、種別及び車線の数（車線のない道路である場合を除く）その他の構造を定めるよう努めるものとされています（都市計画法施行令6条1項1号）。

実務を進める上で、よく質問を受ける内容に「なぜ道路を都市計画に定めて、都市計画道路にするのですか？」というものがあります。

このような質問を受けた場合、**都市計画道路に定める意義**としては、**大きく3点**あることをお伝えすることができます。

まず1つ目は、土地利用や他の都市施設の計画と調整することで、都市計画としての**総合性や一体性**を確保することができます。

2つ目は、道路の区域等を都市計画に定めることで都市計画法53条による**建築制限**が生じるため、事業認可後は円滑に事業を進めることができます。

3つ目は、都市計画決定手続を経るため、計画の必要性や計画内容等について、**住民合意**が図られることになります。

▶▶都市計画道路としての効果

都市計画道路は、都市計画決定されてから直ちに事業認可を受けて事業着手できれば理想ですが、予算的な制約等もある中で、なかなか事業に着手できないこともあります。

ここで理解しておくべきポイントは、都市計画道路を含めて都市施設は、土地利用の制度（用途地域等）とは大きく異なり、都市計画として決定されただけでは都市に与える効果がほとんど期待できないことです。

都市計画道路は、実際に整備され、都市全体の道路ネットワークとして機能することでその効果が現れるからです。

▷▷都市計画道路見直しの背景

近年の社会経済情勢の変化、人口減少と超高齢化が同時に進行する状況では、都市計画道路に求められる機能や役割が都市計画決定時とは変化してしまうことがあります。

また、長期未着手の都市計画道路の計画区域内では、都市計画法53条による建築制限を受け続けてしまうことになります。

そこで、都市計画道路の計画そのものを将来の都市・地域づくりの観点から見直し、必要に応じて計画内容を変更する等、現在の計画を検証し、効率的かつ効果的な整備を維持することが求められています。

▷▷都市計画道路の見直しの手引き

このような背景から、国土交通省では、「都市計画道路の見直しの手引き」を作成し、ウェブサイトで公開しています。

この手引きでは、都道府県や政令指定都市による都市計画道路の見直しガイドラインの策定状況が示されています。（案）となっているものも含めれば、全都道府県で見直しのガイドラインや方針等が定められていることがわかります。

また、この手引きでは、見直しの手順、見直しの対象路線抽出の考え方、見直しの観点等についても、全国の事例を踏まえて掲載されています。都市計画道路は、都道府県や市町村ごとに整備状況も異なることから、見直し方針等も若干の違いが生じることが想定されます。ぜひ、国土交通省による手引きと併せて、都道府県によるガイドライン等にも目を通しておくことをお勧めします。

実際の都市計画道路の見直しを進める上では、都道府県によるガイドライン等に沿って検討・協議を進めることが多くなるでしょう。見直しを検討する都市計画道路は、複数の市町村の都市計画道路とつながっていたり、県道であったりすることがあります。このような場合には、隣接市町村や都道府県との協議を行いながら、見直しの検討を進めていくことになります。

5 3 ◎…「公園・緑地」で自然を感じる憩いの場をつくる

▶▶公園・緑地とは

公園とは、主として自然的環境の中で、休息、鑑賞、散歩、遊戯、運動等のレクリエーションや大震火災等の災害時の避難等の用に供することを目的とする公共空地です。**緑地**とは、主として自然的な環境を有し、環境の保全、公害の緩和、災害の防止、景観の向上や緑道に利用されることを目的とする公共空地です（都市計画運用指針）。

都市における公園・緑地は、人々が自然を感じる憩いの場となります。また、景観の形成、環境の維持や改善、観光の振興、文化の伝承、災害時の避難場所になる等の多様な機能があります。なお、都市計画担当の実務を行う上では、都市計画マスタープランの中で都市公園の整備方針等を定めることや公園の都市計画決定又は変更があるでしょう。

▶▶広場、墓園その他の公共空地とは

広場とは、主として歩行者等の休息、鑑賞、交流等の用に供することを目的とする公共空地です。広場は、広場を設置する目的、利用者の行動、周辺の土地利用等を勘案し、適切な規模とすることが望ましいとされています。**墓園**とは、自然的環境を有する静寂な土地に設置する、主として墓地の設置の用に供することを目的とする公共空地です。墓園の規模は、十分な樹林地等の面積が確保される相当の面積を定めることが望ましいとされています。また、都市計画法11条1項2号のその他の公共空地の例は、**運動場**です（都市計画運用指針）。

▶▶都市計画法と緑の基本計画の関係

公園・緑地の都市計画を行う際には、その担当課との連携を図るとともに、関連計画である「緑地の保全及び緑化の推進に関する基本計画」(都市緑地法４条１項）にも目を通しておくとよいでしょう。もしも皆さんの自治体でもこの計画を定めていれば、「緑の基本計画」や「緑のマスタープラン」という名称で公表されていることが多いので、ぜひ一度、調べて目を通してみることをお勧めします。

■都市緑地法運用指針（抜粋）

4　緑地の保全及び緑化の推進に関する基本計画（緑の基本計画）

(2)　都市計画法等との関係

基本計画は、都市計画法（昭和 43 年法律第 100 号）第 18 条の 2 第 1 項の市区町村の都市計画に関する基本的な方針（市区町村マスタープラン）に適合することとされているが、市区町村マスタープランが未策定の市区町村については、将来策定される市区町村マスタープランに留意しつつ、市区町村マスタープランが即すこととされている都市計画法第 6 条の 2 の都市計画区域の整備、開発及び保全の方針と整合の取れた内容とすべきである。

また、人口減少に対応したコンパクトなまちづくりなど、都市全体の動きと連携した戦略的な都市の再構築を推進するため、都市再生特別措置法（平成 14 年法律第 22 号）第 81 条第 1 項に規定する住宅及び都市機能増進施設の立地の適正化を図るための計画（以下「立地適正化計画」という。）と整合を図り、都市全体での緑地のあり方について検討することも重要である。さらに、地域の課題解決に向けて、立地適正化計画のほか、商業施策、医療・福祉施策、教育・文化施策、農業施策、防災・減災施策など多様な分野の計画とも整合を図ることが望ましい。

▶▶都市計画公園の番号の意味

都市計画公園とは、都市計画法に基づき、公園として都市計画決定された施設のことをいいます。都市計画に定める公園の種別は、街区公園、近隣公園、地区公園、総合公園、運動公園、広域公園又は特殊公園とされています（都市計画法施行規則７条５号）。

都市計画図の都市計画公園を確認すると、都市計画公園の公園名だけでなく、都市計画道路と同様に、番号が付されています。都市計画公園の名称は、番号及び公園名で表し、番号は区分．規模．一連番号（都市計画区域及び区分ごと）を示します。

例えば、写真４の（例）5.5.2 いせさき市民のもり公園であれば、図表30のとおり、「5」は区分で総合公園、その次の「5」は規模で面積10ヘクタール以上50ヘクタール未満、「2」は一連番号で所在する都市計画区域における第２番目の公園を示しています。

写真４　（例）5.5.2 いせさき市民のもり公園

図表 30　都市計画公園の番号の意味

【区　　分】
2　街区公園：主として街区内に居住する者の利用に供することを目的とする公園
3　近隣公園：主として近隣に居住する者の利用に供することを目的とする公園
4　地区公園：主として徒歩圏域内に居住する者の利用に供することを目的とする公園
5　総合公園：主として一の市町村の区域内に居住する者の休息、鑑賞、散歩、遊戯、運動等総合的な利用に供することを目的とする公園
6　運動公園：主として運動の用に供することを目的とする公園
7　特殊公園：主として風致の享受の用に供することを目的とする公園
8　特殊公園：動物公園、植物公園、歴史公園その他特殊な利用を目的とする公園
9　広域公園：一の市町村の区域を超える広域の区域を対象とし、休息、観賞、散歩、遊戯、運動等総合的な利用に供することを目的とする公園

【規　　模】
2　面積 1 ha 未満のもの
3　面積 1 ha 以上 4 ha 未満のもの
4　面積 4 ha 以上 10 ha 未満のもの
5　面積 10 ha 以上 50 ha 未満のもの
6　面積 50 ha 以上 300 ha 未満のもの
7　面積 300 ha 以上のもの

【一連番号】
所在する都市計画区域ごとに【区分】ごとの一連番号を付けます

出典：国土交通省資料をもとに作成

▶▶どこに公園を定めるのか

市街化区域及び非線引き都市計画区域においては、少なくとも道路、公園、下水道を定めることとされています（都市計画法 13 条 1 項 11 号）。また、市街化区域には、街区公園、近隣公園、地区公園、総合公園及び

運動公園を定めることが望ましく、市街化調整区域ではさまざまな状況を踏まえて総合公園等を定めることが望ましいとされています。

■都市計画法

第13条　（略）

一～十　（略）

十一　都市施設は、土地利用、交通等の現状及び将来の見通しを勘案して、適切な規模で必要な位置に配置することにより、円滑な都市活動を確保し、良好な都市環境を保持するように定めること。この場合において、市街化区域及び区域区分が定められていない都市計画区域については、少なくとも道路、公園及び下水道を定めるものとし、（以下、略）

十二～二十　（略）

2～6　（略）

■第11版　都市計画運用指針（抜粋）

3. 区域区分その他の関連する制度との関係

(1) 区域区分との関係

法第13条第1項第11号において、市街化区域においては少なくとも道路、公園及び下水道を定めることとされているが、公園については街区公園、近隣公園、地区公園、総合公園及び運動公園を定めることが望ましい。

市街化調整区域においては、一の市町村の区域の住民を対象とし多様なレクリエーションニーズに対応するための総合公園等を、市街化区域の整備、開発及び保全の状況を勘案し、市街化調整区域に配置する方が必要な区域の確保に有効な場合、又は公園等として活用する自然的環境が市街化調整区域に存在する等の場合は、市街化区域と連絡する道路等との連携を図りつつ決定し整備することが望ましい。（以下、略）

▶▶公園の規模と配置

都市計画公園に関して都市計画に定める事項は、都市施設の種類、名称、位置です（都市計画法11条2項）。また、種別及び面積を定めるよう努めるものとされています（都市計画法施行令6条1項3号）。

都市計画運用指針では、公園の種別に応じて、図表31のとおり標準規模や配置方針に基づいて計画することが望ましいとされています。

図表31　公園の標準規模と配置方針

種別	標準規模	配置方針
街区公園	0.25 ha を標準とする	誘致距離 250 m を標準とする
近隣公園	2 ha を標準とする	誘致距離 500 m を標準とする
地区公園	4 ha を標準とする	誘致距離 1 km を標準とする
総合公園	おおむね 10 ha 以上とする	原則として、一の市町村の区域を対象として、住民が容易に利用できる位置に配置する
運動公園	おおむね 15 ha 以上とする	
広域公園	おおむね 50 ha 以上とする	一の市町村の区域を超える広域の圏域を対象として、交通の利便の良い土地に配置する

また、図表31にない種別「特殊公園」の配置方針は、どのようにすることが望ましいとされているのでしょうか。

風致公園は、樹林地、湖沼海浜等の良好な自然的環境を形成する土地を選定して配置します。

動物公園、植物公園は、気象、地形、植生等の自然的条件が当該公園の立地に適した土地を選定して配置します。

歴史公園は、遺跡、庭園、建築物等の文化的遺産の存する土地若しくはその復元、展示等に適した土地又は歴史的意義を有する土地を選択して配置します。

▶▶区域面積の3%以上の公園等を設けるケース

土地区画整理事業や開発許可の基準では、区域内において基本的に事業区域面積の3%以上の公園等を設けることとされています（土地区画整理法施行規則9条1項6号、都市計画法施行令25条1項6号～7号）。

■土地区画整理法

（事業計画）

第6条　第4条第1項の事業計画においては、国土交通省令で定めるところにより、施行地区（施行地区を工区に分ける場合においては、施行地区及び工区）、設計の概要、事業施行期間及び資金計画を定めなければならない。

2～11　（略）

■土地区画整理法施行規則

（設計の概要の設定に関する基準）

第9条　法第6条第1項に規定する設計の概要の設定に関する同条第11項（法第16条第1項、第51条の4、第54条、第68条及び第71条の3第2項において準用する場合を含む。）に規定する技術的基準は、次に掲げるものとする。

一～五　（略）

六　設計の概要は、公園の面積の合計が施行地区内に居住することとなる人口について**1人当り3平方メートル以上**であり、かつ、**施行地区の面積の3パーセント以上**となるように定めなければならない。ただし、施行地区の大部分が都市計画法（昭和43年法律第100号）第8条第1項第1号の工業専用地域である場合その他特別の事情により健全な市街地を造成するのに支障がないと認められる場合及び道路、広場、河川、堤防又は運河の整備改善を主たる目的として土地区画整理事業を施行する場合その他特別の事情によりやむを得ないと認められる場合においては、この限りでない。

七・八　（略）

■都市計画法

（開発許可の基準）

第33条　都道府県知事は、開発許可の申請があつた場合において、当該申請に係る開発行為が、次に掲げる基準（第4項及び第5項の条例が定められているときは、当該条例で定める制限を含む。）に適合しており、かつ、その申請の手続がこの法律又はこの法律に基づく命令の規定に違反していないと認めるときは、開発許可をしなければならない。

一〜十四　（略）

2〜8（略）

■都市計画法施行令

（開発許可の基準を適用するについて必要な技術的細目）

第25条　法第33条第2項（法第35条の2第4項において準用する場合を含む。以下同じ。）に規定する技術的細目のうち、法第33条第1項第2号（法第35条の2第4項において準用する場合を含む。）に関するものは、次に掲げるものとする。

一〜五　（略）

六　開発区域の面積が0.3ヘクタール以上5ヘクタール未満の開発行為にあつては、開発区域に、面積の合計が**開発区域の面積の3パーセント以上の公園、緑地又は広場**が設けられていること。ただし、開発区域の周辺に相当規模の公園、緑地又は広場が存する場合、予定建築物等の用途が住宅以外のものであり、かつ、その敷地が一である場合等開発区域の周辺の状況並びに予定建築物等の用途及び敷地の配置を勘案して特に必要がないと認められる場合は、この限りでない。

七　開発区域の面積が5ヘクタール以上の開発行為にあつては、国土交通省令で定めるところにより、**面積が1箇所300平方メートル以上**であり、かつ、その面積の合計が**開発区域の面積の3パーセント以上の公園**（予定建築物等の用途が住宅以外のものである場合は、公園、緑地又は広場）が設けられていること。

八　（略）

5|4 ◎…「下水道」で快適かつ衛生的な環境をつくる

▶▶下水道とは

多くの都市計画担当は、下水道は理解しにくい分野と感じているのではないでしょうか。その原因の一つとしては、下水道施設が都市計画図には一部しか示されていないことが考えられます。また、下水道管である管渠（かんきょ）は地下にあるため、道路や公園のように目に見えることがなく、イメージしにくいことも原因でしょう。

そこで、下水や下水道の定義については、下水道法を読みながら頭の中でイメージを持つことから始めましょう。

図表32 「下水」の定義イメージ

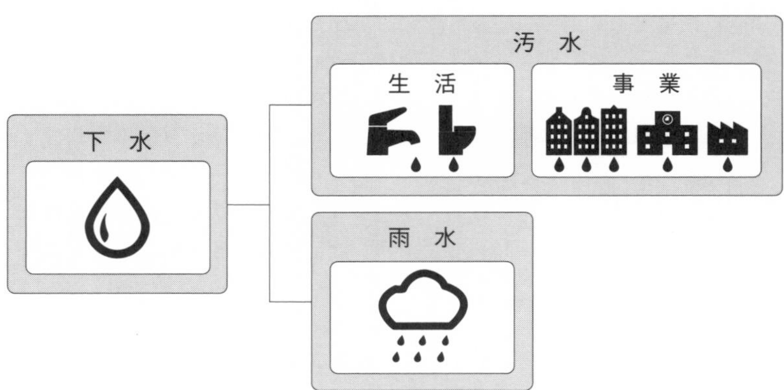

まず「下水」とは、生活や事業（耕作を除く）に伴って発生する汚水と雨水を合わせたものです（下水道法２条１号）。これは、図表32のイメージを持つことが重要です。

次に「下水道」とは、「下水」を排除する排水施設、これに接続する処理施設、これらを補完するポンプ施設、貯留施設その他の施設の総体をいいます（下水道法2条2号）。こちらは、少し複雑になりますが、図表33のイメージを持つと理解しやすくなります。

図表33 「下水道」の定義イメージ

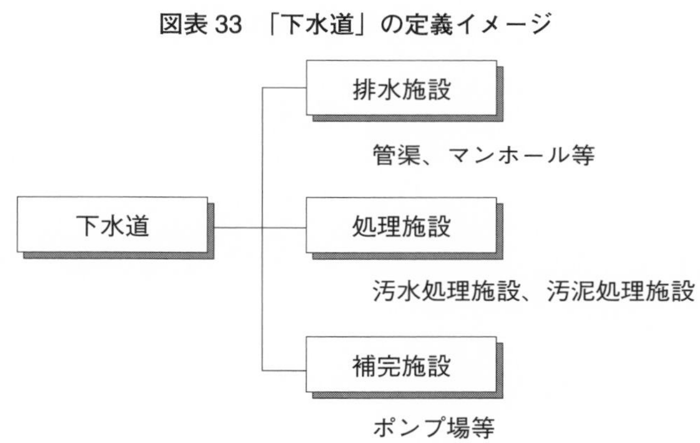

管渠は、汚水や雨水を収集して、処理場や放流先に流下させる役割を持ちます。都市計画に定めることが望ましい管渠は、一定の面積（地域の状況によるものの目安として1,000ヘクタール程度）以上の排水区域を担う管渠や処理水を放流するための主たる管渠とされています。

汚水処理施設は、集めた汚水を放流水質基準以下まで処理する役割を持ちます。また、汚泥処理施設は、水処理に伴って発生する汚泥を適切に処理する役割を持ちます。

さらに、ポンプ場等のうちポンプ施設は、下水をポンプで地表近くまでくみ上げて、再び流下させる役割を持ちます。管渠には、自然流下させるための傾斜（勾配）をつけてあるため、相当の深さに達してしまうと、ポンプでくみ上げてから再び流下させる必要があるのです。

このように、下水道を整備することにより、「汚水等を適切に排除し、快適かつ衛生的な環境をつくる」ことができます。

▶▶下水道の種類

下水道にはいくつか種類があり、公共下水道、流域下水道、都市下水路の３種類があります（下水道法２条）。下水の排除・処理については、図表34のように、これらの下水道とその他の汚水処理施設を組み合わせて、計画的かつ効率的に行う必要があります。

①公共下水道

公共下水道は、主として市街地において、市町村が設置・管理する下水道です（下水道法２条３号、３条）。

②流域下水道

流域下水道は、２以上の市町村区域の下水処理を目的とし、都道府県が設置・管理する下水道です（下水道法２条４号、25条の10）。

③都市下水路

都市下水路は、主として市街地の浸水被害を防除するため、市町村が設置・管理する下水道です（下水道法２条５号、26条）。

図表34 「下水道」の種類のイメージ

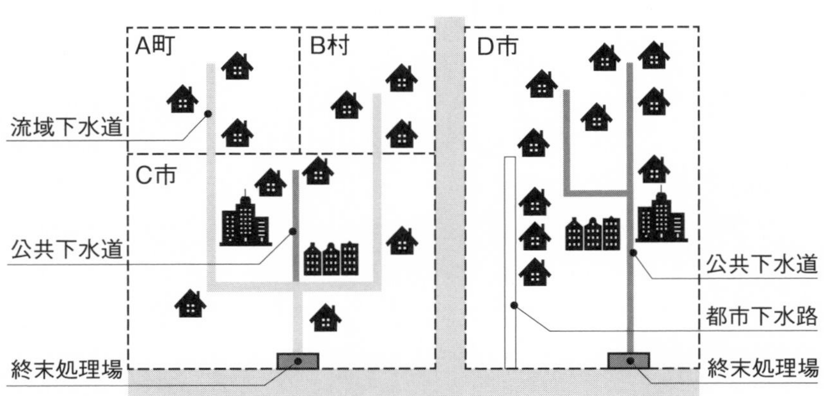

▶▶下水道に関連する計画等

なお、都市計画担当の実務を行う上では、都市計画マスタープランの中で下水道に関する内容を記載することや下水道の都市計画決定・変更があります。これらの事務を行う上では、下水道の担当課との連携を図るとともに、以下の関連計画等にも目を通しておくとよいでしょう。

①流域別下水道整備総合計画

流域別下水道整備総合計画は、下水道法２条の２第１項に基づき、水質環境基準を達成するために都道府県が定める「下水道の整備に関する総合的な基本計画」のことです。

この計画には、下水道の整備に関する基本方針、下水道により下水を排除し、及び処理すべき区域に関する事項、下水道の根幹的施設の配置、構造及び能力に関する事項等を定めることになっています（下水道法２条の２第２項)。

②都道府県構想

都道府県構想は、市街地、農山漁村等を含めた市町村全域で効率的な汚水処理施設の推進をするため、都道府県が市町村の意見を反映した上で策定しているものです。

各種の汚水処理施設（下水道、農業集落排水処理施設[※1]、合併処理浄化槽[※2]等）が有する特性等を踏まえ、効率的かつ適正な整備手法を選定するための構想です。

※１：農業集落排水処理施設とは、農業集落において地方公共団体等が設置する集合処理による汚水処理施設です。

※２：合併処理浄化槽とは、一戸建て等の建築物から発生する汚水（家庭雑排水を含む)を処理する設備です。主に個人で設置・管理され、人口密度の比較的低い地域等で利用されます。

なお、都市計画運用指針では「Ⅳ-2-2 都市施設」において、「下水道の都市計画の考え方」として、以下のように示しています。

■第 11 版　都市計画運用指針（抜粋）

1. 下水道の都市計画の考え方

(1) 下水道の都市計画の基本的な考え方

下水道については、生活環境の改善、水質の保全、浸水の防除等都市活動を支える上で必要不可欠な施設であり、積極的に都市計画に定めるべきである。この場合、市街化区域においては少なくともこれを定めるものとし、市街化調整区域においては下水道それ自体では市街化を促進するおそれが少ないものと考えられるので、現に集落があり生活環境を保全する必要がある場合等については最小限の排水区域を定めることができると考えられる。

(2) 管渠、排水区域、処理場、ポンプ場の決定の考え方

下水道に関する都市計画は、土地の自然的条件、土地利用の動向、河川等の水路の整備状況並びにそれらの将来の見通し等を総合的に勘案し、機能的な都市活動の確保及び良好な都市環境を形成及び保持するよう排水区域、処理場、ポンプ場及び主要な管渠を一体的かつ総合的に定める。

①管渠

下水道の都市計画における管渠については、道路その他の公共施設の整備状況を勘案して、排水区域からの下水を確実かつ効率的に集め、排水するよう配置すること。

②排水区域

下水道の都市計画における排水区域については、土地の自然的条件及び土地利用の動向を勘案し、下水を排除すべき地域として一体的な区域となるよう定めること。

③処理場

下水道の都市計画における処理場については、排水区域から排除される下水量に対して必要な処理能力等を有し、放流先及び周辺の土地利用の状況を勘案し、周辺環境との調和が図られるよう定めること。また、施設の敷地は、増設等に必要な土地を含めて定めておくことが望ましい。

④ポンプ場

下水道の都市計画におけるポンプ場については、下水の流下の確保が図られるよう、周辺環境に配慮して定めること。

この「下水道の都市計画の基本的な考え方」の中で示されている**排水区域**とは、公共下水道により下水を排除することができる地域のことをいいます（下水道法２条７号）。

下水道に関して都市計画に定める事項は、都市施設の種類、名称、位置です（都市計画法11条２項）。また、**排水区域**を定めるよう努めるものとされています（都市計画法施行令６条１項６号）。

▶▶浸水被害の軽減

近年の集中豪雨の多発、都市化の進展による雨水流出量の増大、人口・資産の集中等による都市構造の高度化等により、都市部における**浸水被害**が増大しています。

浸水被害とは、**排水区域**において、一時的に大量の降雨が生じた場合において排水施設に当該雨水を排除できないことや、排水施設から河川その他の公共の水域若しくは海域に当該雨水を排除できないことによる**浸水により、国民の生命、身体又は財産に被害を生ずること**をいいます（下水道法２条９号）。

今後は、浸水被害を最小に抑えるべく、都道府県、市町村、住民等が一体となり、効率的なハード整備に加え、ソフト対策、自助の取組みを合わせた浸水対策が重要になります。

5 ◎…「その他の都市施設」が私たちの生活を支える

▶▶生活を支える重要な都市施設

本章で具体的に説明してきた交通施設、公園・緑地、下水道だけでなく、「その他の都市施設」も重要な役割を担っています。

「その他の都市施設」の中でも、私たちの生活の中で馴染みの深い都市施設についても、その概要を理解しておきましょう。

①火葬場

火葬場は、火葬（死体を葬るために、これを焼くこと）を行うために、火葬場として都道府県知事の許可を受けた施設です（墓地、埋葬等に関する法律２条７項）。

火葬場は、死体処理のための施設であり、公衆衛生上、公共福祉の観点から必要不可欠な施設です。

②汚物処理場

汚物処理場は、し尿の処理や有効活用を図る施設です。し尿を衛生的に処理するためには、下水道により家庭から直接、終末処理場へ送ることが理想ですが、下水道のない地域では、収集車で集めて汚物処理場で処理することが行われています。

③ごみ焼却場

ごみ焼却場は、ごみを衛生的かつ効率的に処理し、健全な都市環境を保全していくために必要不可欠な施設です。将来のごみの量を考慮し、計画的な整備や機能更新を図る必要があります。

④市場

市場は、私たちの日常生活に欠かせない野菜、果実、魚類、肉類等の生鮮食料品等を定期的に取引するために開設される施設です。公正かつ迅速な取引を確保し、生鮮食料品等の円滑な供給と消費生活の安定を図るために必要な施設です。

⑤と畜場

と畜場は、食用に供する目的で獣畜（牛、馬、豚、めん羊及び山羊）をとさつし、又は解体するために設置された施設です（と畜場法３条２項）。さまざまな検査を行い、食肉を衛生的に処理するために必要な施設です。

▶▶関連法令を確認して対応する

これらの火葬場、汚物処理場、ごみ焼却場等の都市施設は、都市に居住する人々にとって必要不可欠な施設である一方で、それらの立地が反対される可能性もあります。

このため、都市施設の中には、原則として都市計画により敷地の位置が決定していなければ新築や増築ができないものがあります。この制限を受ける都市施設や例外的に都市計画審議会の議を経て許可する場合等については、建築基準法51条に定められています。

■建築基準法

（卸売市場等の用途に供する特殊建築物の位置）

第51条　都市計画区域内においては、卸売市場、火葬場又はと畜場、汚物処理場、ごみ焼却場その他政令で定める処理施設の用途に供する建築物は、都市計画においてその敷地の位置が決定しているものでなければ、新築し、又は増築してはならない。ただし、特定行政庁が都道府県都市計画審議会（その敷地の位置を都市計画に定めるべき者が市町村であり、かつ、その敷地が所在する市町村に市町村都市計画審議会が置かれている場合にあつては、当該市町村都市計画審議会）の議を経てその敷地の位置が都市計画上支障がないと認めて許可した場合又は政令で定める規模の範囲内において新築し、若しくは増築する場合においては、この限りでない。

■建築基準法施行令

（位置の制限を受ける処理施設）

第130条の2の2　法第51条本文（法第87条第2項又は第3項において準用する場合を含む。）の政令で定める処理施設は、次に掲げるものとする。

一　廃棄物の処理及び清掃に関する法律施行令（昭和46年政令第300号。以下「廃棄物処理法施行令」という。）第5条第1項のごみ処理施設（ごみ焼却場を除く。）

二　次に掲げる処理施設（工場その他の建築物に附属するもので、当該建築物において生じた廃棄物のみの処理を行うものを除く。以下「産業廃棄物処理施設」という。）

イ　廃棄物処理法施行令第7条第1号から第13号の2までに掲げる産業廃棄物の処理施設

ロ　海洋汚染等及び海上災害の防止に関する法律（昭和45年法律第136号）第3条第14号に掲げる廃油処理施設

都市施設の実務に携わる場合には、都市計画法と併せて建築基準法をよく確認するとともに、建築確認申請の担当課と連携して対応することが重要であることを覚えておきましょう。

第6章

市街地開発事業のポイント

6 1 ◎…「市街地開発事業」って何だろう？

▶▶市街地開発事業とは

市街地開発事業は、都市計画法12条1項各号に定められている７種類の事業（土地区画整理事業、新住宅市街地開発事業、工業団地造成事業、市街地再開発事業、新都市基盤整備事業、住宅街区整備事業、防災街区整備事業）のことです。市街地開発事業の概要は、計画的な市街地形成を図るため、公共施設の整備と合わせて宅地の利用増進、建築物の整備等を一体的に進める事業です。

これらの事業は、拠点市街地の形成及び活性化、市街地の防災性の向上をはじめ、社会経済情勢の変化や多様化する住民ニーズに対応したまちづくりの実現を目的として実施されます。

図表35　市街地開発事業イメージ

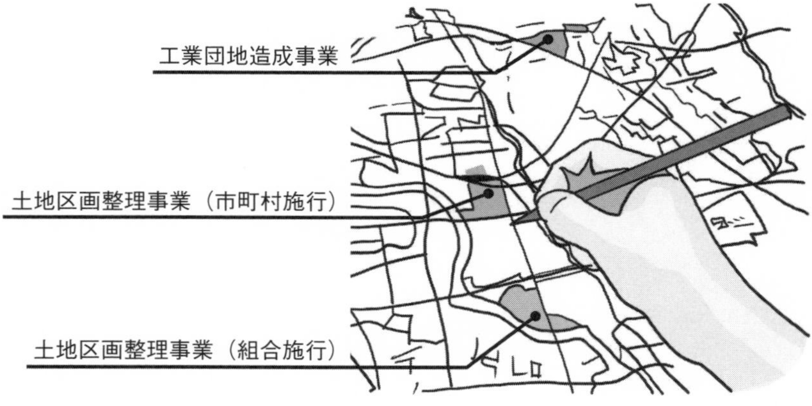

■都市計画法

（市街地開発事業）

第12条　都市計画区域については、都市計画に、次に掲げる事業を定めることができる。

一　土地区画整理法（昭和29年法律第119号）による土地区画整理事業

二　新住宅市街地開発法（昭和38年法律第134号）による新住宅市街地開発事業

三　首都圏の近郊整備地帯及び都市開発区域の整備に関する法律（昭和33年法律第98号）による工業団地造成事業又は近畿圏の近郊整備区域及び都市開発区域の整備及び開発に関する法律（昭和39年法律第145号）による工業団地造成事業

四　都市再開発法による市街地再開発事業

五　新都市基盤整備法（昭和47年法律第86号）による新都市基盤整備事業

六　大都市地域における住宅及び住宅地の供給の促進に関する特別措置法による住宅街区整備事業

七　密集市街地整備法による防災街区整備事業

2～6（略）

市街地開発事業の7つの事業の詳細については、上記の他法令に定められています。皆さんが担当することとなる市街地開発事業があれば、これらの法令に目を通して理解を深めておくことが重要です。

本書では、これらの事業のうち、**土地区画整理事業**、**工業団地造成事業**、**市街地再開発事業**の3つの事業について、事業の概要や都市計画担当が実務を行う上で知っておくべきポイントをお伝えします。

6 2 ◎…「土地区画整理事業」で宅地の利用を増進する

▶▶土地区画整理事業とは

土地区画整理事業は、都市計画区域内において、公共施設の整備改善や宅地の利用の増進を図るため、土地区画整理法に基づいて行われる土地の区画形質の変更や公共施設の新設・変更に関する事業です（土地区画整理法２条１項）。

■土地区画整理法

（定義）
第２条　この法律において「土地区画整理事業」とは、都市計画区域内の土地について、公共施設の整備改善及び宅地の利用の増進を図るため、この法律で定めるところに従つて行われる土地の区画形質の変更及び公共施設の新設又は変更に関する事業をいう。
２　前項の事業の施行のため若しくはその事業の施行に係る土地の利用の促進のため必要な工作物その他の物件の設置、管理及び処分に関する事業又は埋立若しくは干拓に関する事業が前項の事業にあわせて行われる場合においては、これらの事業は、土地区画整理事業に含まれるものとする。
３　この法律において「施行者」とは、土地区画整理事業を施行する者をいう。
４～８（略）

土地区画整理法２条１項の公共施設とは、道路、公園、広場、河川、運河、船だまり、水路、堤防、護岸、公共物揚場及び緑地です（土地区画整理法２条５項、土地区画整理法施行令67条）。また、土地区画整理法２条２項の規定による**事業の施行に係る土地の利用の促進のため必要な工作物その他の物件**としては、水道管、ガス管等があります。

土地区画整理法２条３項の規定による**施行者**も重要です。土地区画整理事業は、個人、土地区画整理組合、区画整理会社、国土交通大臣、地方公共団体、独立行政法人都市再生機構、地方住宅供給公社が実施することができます（土地区画整理法３条）。そして**宅地**とは、公共施設の用に供されている国又は地方公共団体の所有する土地以外の土地です（土地区画整理法２条６項）。

では、図表36で土地区画整理事業の仕組みをざっと見てみましょう。例えば、Aさんの整理前の宅地は、減歩（土地の提供）により宅地面積が減少します。この減歩により、道路、公園、保留地が生み出され、事業の原資となります。Aさんの宅地は、面積が減少しますが、公共施設整備等によって住みやすい環境になり、地価が上がること等によって整

図表36　土地区画整理事業の仕組み

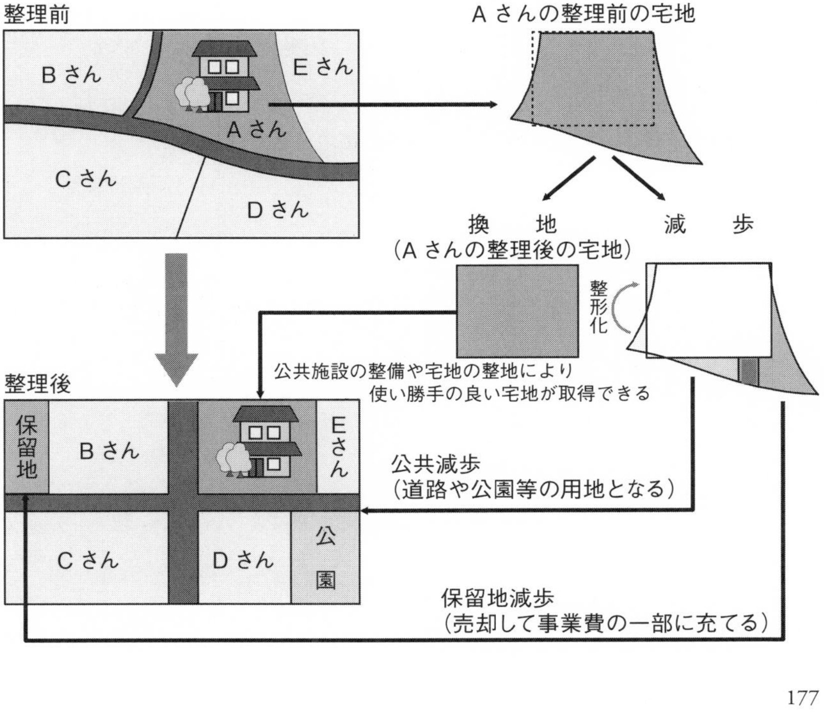

理後の財産価値は大きく変わりません。

▶▶土地区画整理事業を行う理由

土地区画整理事業による面の整備と用地買収方式で行う線の整備とでは、何が違うのでしょうか。図表 37 で比較してみましょう。

土地区画整理事業では、道路整備と換地手法からなる面整備によって、事業実施後の区画がきれいに配置されます。こうして面整備された土地では、宅地の形が整形されるとともに宅地が道路に面するようになります。また、権利者全員がおおむね同じ位置に残ることができます。

一方で、用地買収方式では、道路はきれいな線状に整備されますが、用地買収された土地はそのままの形状で残ります。このため、まず街並みが揃わなくなる場合があります。また、初期状態の土地によっては、図表 37 のＡさんやＦさんのように同じ位置に残ることができずに地域から移転しなければならない場合があります。移転を要しない場合でも、Ｄさんのように残地が小さく不整形になる場合や、Ｅさんのように残地が道路に分断されてしまい、利用しにくい土地の形状になってしまう場合があります。

図表 37　土地区画整理事業と用地買収方式の比較

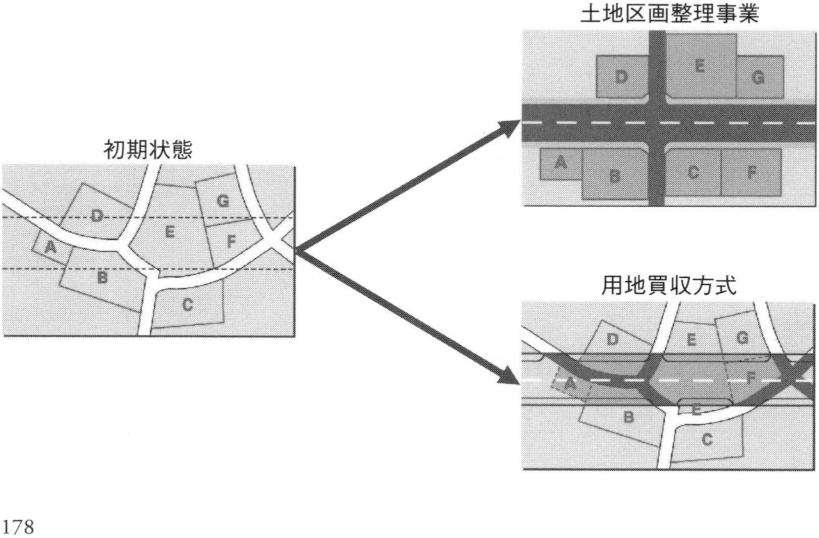

▶▶土地区画整理事業の特徴

土地区画整理事業には、以下の特徴があり、さまざまな都市課題に対して、幅広く活用されています。

①多様な目的への対応や複数の事業との組み合わせができる

密集市街地の解消、中心市街地の活性化、災害復興等の複数の目的に活用することができます。また、建築物整備事業、上下水道等の整備事業、地区計画等の制度を併用して事業を効果的に進めることができます。

こうしたことから、複数の事業を組み合わせて市街地を整備する手法としても優れています。詳しくは、本章の6－5で具体的な事例を紹介します。

②維持されたコミュニティが受益を公平に受けることができる

多くの地権者がその施行区域内に残ることが可能であり、コミュニティが維持されることになります。このため、多くの地権者が、道路や公園等の整備による受益等を公平に受けることができます。

多くの地権者にとっては、一定の減歩に応じる必要が生じてしまうものの、利用しにくい残地が残らず、形の悪い交差点も生じないため、安心・安全な地域づくりにつながります。

③民主的な手続や民間の活力を導入することができる

事業実施に際しては、組合施行では総会の議決、公共団体等施行では土地区画整理審議会の審議を経ることによって、民主的な手続で事業を進めることができます。

また、個人、組合や区画整理会社が施行者になることができるので、民間の活力を導入することができます。

施行区域内の地権者による減歩は、用地買収方式では生み出されることのない保留地を生み出すことから、こうした保留地を活用する新しい地権者や事業者による地域づくりの参画にも期待することができます。

▶▶都市計画に定めること

土地区画整理事業に関して都市計画に定める事項は、市街地開発事業の種類、名称、施行区域、公共施設の配置及び宅地の整備に関する事項です（都市計画法12条2項～3項）。

また、施行区域の面積を定めるよう努めるものとされています（都市計画法12条2項、都市計画法施行令7条）。

■都市計画法

（市街地開発事業）

第12条　都市計画区域については、都市計画に、次に掲げる事業を定めることができる。

一～七　（略）

2　市街地開発事業については、都市計画に、市街地開発事業の種類、名称及び施行区域を定めるものとするとともに、施行区域の面積その他の政令で定める事項を定めるよう努めるものとする。

3　土地区画整理事業については、前項に定めるもののほか、公共施設の配置及び宅地の整備に関する事項を都市計画に定めるものとする。

4～6　（略）

■都市計画法施行令

（市街地開発事業について都市計画に定める事項）

第7条　法第12条第2項の政令で定める事項は、施行区域の面積とする。

▶▶実務上のポイント

土地区画整理事業は、事業期間が数十年と非常に長いことも多いため、経緯が複雑であったり、地権者が代わってしまっていたりします。

また実務に関するノウハウも多様かつ複雑です。そこで、実際に土地区画整理事業に携わることになった場合の実務上のポイントをいくつか紹介します。

①参考文献の書籍を揃える

土地区画整理事業は、特に専門用語が多く、最初はとっつきにくい印象が強いです。このため、上司や同僚に教えてもらいつつ、巻末の「参考文献・ブックガイド」のうち、【都市計画全般】の中でも特に『逐条解説土地区画整理法　第2次改訂版』『土地区画整理法逐条解釈　第9版』『改訂版　区画整理の質問300に答える』『土地区画整理事業実務問答集第3版』等の書籍を揃えて、いつでも疑問を解消できるようにしておくことをお勧めします。

②街づくり区画整理協会の相談室に問い合わせる

上記の逐条解説、逐条解釈、実務問答集等でも疑問が解決しない場合は、公益社団法人街づくり区画整理協会のウェブサイトの「相談室」に問い合わせることも検討しましょう。

③顧問弁護士に相談する

さまざまな土地区画整理事業の案件の中には、①や②でも解決できない、法的な争いが生じる可能性のある案件もあるでしょう。

もし、皆さんがそのような案件に対応することになった場合には、1人で悩みを抱え込まずに上司や法規担当課に相談の上、顧問弁護士に相談することも検討しましょう。

6 3 ◎…「工業団地造成事業」で地域発展の核をつくる

▶▶工業団地造成事業とは

都市計画法12条1項3号の規定による工業団地造成事業は、関連法が2つあります。本書では、首都圏の近郊整備地帯及び都市開発区域の整備に関する法律（以下「首都圏近郊地帯整備法」という）に沿って解説します。まず、工業団地造成事業は、同法2条5項に定義されています。

■首都圏の近郊整備地帯及び都市開発区域の整備に関する法律

（定義）

第2条　この法律で「近郊整備地帯」とは、首都圏整備法（昭和31年法律第83号。以下「法」という。）第24条第1項の規定により指定された区域をいう。

2　この法律で「都市開発区域」とは、法第25条第1項の規定により指定された区域をいう。

3～4　（略）

5　この法律で「工業団地造成事業」とは、近郊整備地帯内又は都市開発区域内において、都市計画法（昭和43年法律第100号）及びこの法律で定めるところに従つて行われる、製造工場等の敷地の造成及びその敷地と併せて整備されるべき道路、排水施設、鉄道、倉庫その他の施設の敷地の造成又はそれらの施設の整備に関する事業並びにこれに附帯する事業（造成された敷地又は整備された施設の処分及び管理に関するものを除く。）をいう。

6～8　（略）

■首都圏整備法

（近郊整備地帯の指定）

第24条　国土交通大臣は、既成市街地の近郊で、その無秩序な市街地化を防止するため、計画的に市街地を整備し、あわせて緑地を保全する必要がある区域を**近郊整備地帯**として指定することができる。

2～3　（略）

（都市開発区域の指定）

第25条　国土交通大臣は、既成市街地への産業及び人口の集中傾向を緩和し、首都圏の地域内の産業及び人口の適正な配置を図るため必要があると認めるときは、既成市街地及び近郊整備地帯以外の首都圏の地域のうち、工業都市、住居都市その他の都市として発展させることを適当とする区域を**都市開発区域**として指定することができる。

2　（略）

上記の**近郊整備地帯**又は**都市開発区域**の範囲がわかる地図は、国土交通省ウェブサイトに「政策区域図」として掲載されています。また、構成市町村の一覧表として「政策区域構成市町村」や首都圏整備法23条1項の規定に基づく「首都圏整備計画」も掲載されています。この首都圏整備計画の中では、工業団地造成事業について以下のように示されていますので、実務の参考にしてください。

■首都圏整備計画（抜粋）

［第1部］

第2章　首都圏の将来像とその実現のための施策

第3節　目指すべき圏域構造

2　圏域整備の基本的考え方

(4)　地域整備の推進方策

1）既成市街地、近郊整備地帯、都市開発区域

首都圏内においては首都圏整備法に基づき、既成市街地、近郊整備地帯及び都市開発区域が指定されるとともに、首都圏近郊緑地保全法に基

づく近郊緑地保全区域制度や首都圏の近郊整備地帯及び都市開発区域の整備に関する法律に基づく**工業団地造成事業**が設けられている。これらを活用し、①既成市街地においては、諸機能の選択的分散を図りながら既存の市街地の整備改善を進め、②**近郊整備地帯**については、計画的に市街地を整備するとともに、緑地を保全し、③**都市開発区域**については、諸機能の集積を推進し、地域の中心的な役割を担う都市として育成を進めることにより地域の整備を推進する。

特に、首都圏の近郊整備地帯及び都市開発区域の整備に関する法律に基づく**工業団地造成事業**については、北関東地域における広域ネットワークの整備を契機とし新たに事業着手している地区があることも踏まえ、対流型首都圏の構築のため、引き続き制度の的確な運用を図り**計画的な市街地整備や産業立地等を推進する**。

この計画によれば、引き続き計画的な市街地整備や産業立地等を推進することが示されており、新たな地域発展の核が期待されます。

▶▶工業団地造成事業の都市計画

工業団地造成事業の都市計画に定めるべき施行区域の条件は、首都圏近郊地帯整備法3条の2から4条までに定められています。

■首都圏の近郊整備地帯及び都市開発区域の整備に関する法律

（工業団地造成事業に係る市街地開発事業等予定区域に関する都市計画）

第3条の2　都市計画法第12条の2第2項の規定により工業団地造成事業に係る市街地開発事業等予定区域について都市計画に定めるべき区域は、次の各号に掲げる条件に該当する土地の区域でなければならない。

一　次に掲げる区域内にあつて、それぞれ当該区域の整備発展の中核となるべき相当規模の区域であること。

イ　近郊整備地帯内において工業市街地として整備することが適当な区域

ロ　工業都市として発展させることが適当な都市開発区域

二　前号イの区域については近郊整備地帯整備計画が、同号ロの区域については当該都市開発区域に係る都市開発区域整備計画が整備されていること。

三　当該区域内において建築物の敷地として利用されている土地がきわめて少ないこと。

四　都市計画法第８条第１項第１号の工業専用地域内にあること。

2 （略）

（工業団地造成事業に関する都市計画）

第４条　都市計画法第12条第２項の規定により工業団地造成事業について都市計画に定めるべき施行区域は、前条第１項各号に掲げる条件に該当する土地の区域でなければならない。

2 （略）

なお、工業団地造成事業に関する都市計画には、都市計画法12条２項に定める事項のほか、「公共施設の配置及び規模並びに宅地（工業団地造成事業により造成される敷地のうち公共施設の用に供する土地を除く。）の利用計画」を定めることとされています（首都圏近郊地帯整備法５条１項）。

また、工業団地造成事業に関する都市計画は、道路、下水道等が定められている場合には、その都市計画に適合するように定めるとともに、当該区域が製造工場等の生産能率が十分に発揮されるよう適切な配置及び規模の道路、排水施設、公園又は緑地等を備えた工業団地となるように定めることとされています（首都圏近郊地帯整備法５条２項各号）。

そして、工業団地造成事業は、都市計画事業として地方公共団体が施行することになります（首都圏近郊地帯整備法６～７条）。

6-4 ◎…「市街地再開発事業」で土地を高度利用する

▶▶市街地再開発事業とは

市街地再開発事業の定義は、都市再開発法2条1号に定められています。この事業は、市街地の土地の合理的かつ健全な高度利用と都市機能の更新を図るために行われる建築物や建築敷地の整備、公共施設の整備に関する事業等です。

例えば、図表38のようにAさん、Bさん、Cさんの建物が密集してしまっている市街地で、細分化された土地を統合して、共同の大きな建築物を建築し、併せて周辺の公共施設の整備等を行います。

■都市再開発法

（定義）

第2条　この法律において、次の各号に掲げる用語の意義は、それぞれ当該各号に定めるところによる。

一　市街地再開発事業　市街地の土地の合理的かつ健全な高度利用と都市機能の更新とを図るため、都市計画法（昭和43年法律第100号）及びこの法律（第7章を除く。）で定めるところに従つて行われる建築物及び建築敷地の整備並びに公共施設の整備に関する事業並びにこれに附帯する事業をいい、第3章の規定により行われる第一種市街地再開発事業と第4章の規定により行われる第二種市街地再開発事業とに区分する。

二〜十三　（略）

この事業には、「権利変換方式」の第一種市街地再開発事業と「管理処分方式（用地買収方式）」の第二種市街地再開発事業の２種類があります。

①権利変換方式

権利変換手続により、従前建物、土地所有者等の権利を再開発ビルの床に関する権利に原則として等価で変換します。

②管理処分方式（用地買収方式）

公共性、緊急性が著しく高い事業で、いったん、施行地区内の建物・土地等を施行者が買収又は収用し、買収又は収用された者が希望すれば、その代償に代えて再開発ビルの床を与えます。

図表38　市街地再開発事業の仕組み

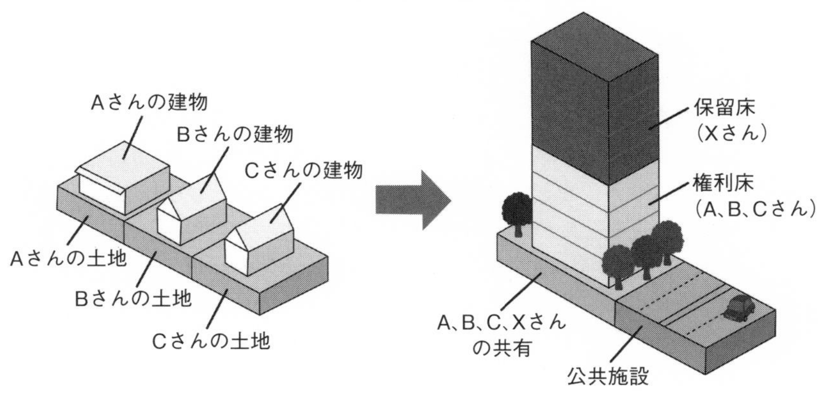

⑴敷地を共同化し、高度利用することにより、公共施設用地を生み出す。
⑵従前権利者の権利は、原則として等価で新しい再開発ビルの床に置き換えられる（権利床）。
⑶高度利用で新たに生み出された床（保留床）を処分し、事業費に充てる。

▶▶市街地再開発事業の都市計画

市街地再開発事業に関して都市計画に定める事項は、①事業の種類、②事業の名称、③施行区域、④施行区域の面積（都市計画法12条2項）のほか、⑤公共施設の配置及び規模、⑥建築物及び建築敷地の整備に関する計画（都市再開発法4条1項）があります。

■都市再開発法

（第一種市街地再開発事業又は第二種市街地再開発事業に関する都市計画に定める事項）

第4条　第一種市街地再開発事業又は第二種市街地再開発事業に関する都市計画においては、**都市計画法第12条第2項に定める事項**のほか、**公共施設の配置及び規模並びに建築物及び建築敷地の整備に関する計画**を定めるものとする。

2　第一種市街地再開発事業又は第二種市街地再開発事業に関する都市計画は、次の各号に規定するところに従つて定めなければならない。

一　道路、公園、下水道その他の施設に関する都市計画が定められている場合においては、その都市計画に適合するように定めること。

二　当該区域が、適正な配置及び規模の道路、公園その他の公共施設を備えた良好な都市環境のものとなるように定めること。

三　建築物の整備に関する計画は、市街地の空間の有効な利用、建築物相互間の開放性の確保及び建築物の利用者の利便を考慮して、建築物が都市計画上当該地区にふさわしい容積、建築面積、高さ、配列及び用途構成を備えた健全な高度利用形態となるように定めること。

四　建築敷地の整備に関する計画は、前号の高度利用形態に適合した適正な街区が形成されるように定めること。

▶▶施行区域要件の概要

市街地再開発事業の都市計画に定める事項のうち、「③施行区域」を定めるにあたっては、その施行区域がいくつかの要件に適合している必要があります。

その要件の詳細は、都市再開発法3条及び同法3条の2に定められていますが、概要は以下のとおりです。

①第一種市街地再開発事業

市街地再開発促進区域内の土地の区域又は(1)から(4)までの条件に該当する土地の区域です。

(1)区域が高度利用地区、都市再生特別地区、特定用途誘導地区又は特定地区計画等区域内であること。
(2)区域内の耐火建築物の割合が、建築面積の合計又は敷地面積の合計で全体のおおむね3分の1以下であること。
(3)区域内に十分な公共施設がないこと、区域内の土地の利用が細分されていること等により、土地利用の状況が著しく不健全であること。
(4)区域内の土地の高度利用を図ることが、都市機能の更新に貢献すること。

②第二種市街地再開発事業

第一種市街地再開発事業の要件に加えて、(1)と(2)のいずれかの条件に該当する土地の区域で、その面積が0.5ヘクタール（密集市街地における防災街区の整備の促進に関する法律30条の4により、防災再開発促進地区においては、その面積が0.2ヘクタール）以上であること。

(1)区域内の安全上又は防災上支障がある建築物の数又は延べ面積の合計が、当該区域内の全ての建築物の数又は延べ面積の合計の10分の7以上であり、これらの建築物が密集しているため、災害の発生のおそれが著しく、又は環境が不良であること。
(2)重要な公共施設を早急に整備する必要があり、その整備と併せて建築物及び建築敷地の整備を一体的に行うことが合理的であること。

6 5 ◎…「複数の事業」を組み合わせて市街地を整備する

▶▶複数の事業を組み合わせる

中心市街地の整備に際しては、土地区画整理事業をはじめとして、さまざまな事業が一体的に進められることが多くなっています。

都市計画運用指針では、「Ⅳ－２－３　市街地開発事業」において、特に連続立体交差事業と一体的な市街地整備事業の推進について、「鉄道の立体化と併せて駅前広場や関連する街路網を含めた周辺の市街地整備を一体的に進めることが都市整備上極めて有効」としています。

■第11版　都市計画運用指針（抜粋）

2. 他の都市計画との関係等

(3) 連続立体交差事業と一体的な市街地開発事業の推進

連続立体交差事業に係る都市高速鉄道の都市計画決定に際しては、鉄道の立体化と併せて駅前広場や関連する街路網を含めた周辺の市街地整備を一体的に進めることが都市整備上極めて有効であるので、関連する土地区画整理事業、市街地再開発事業等の都市計画を都市高速鉄道等の都市計画決定と同時に決定することが望ましい。

▶▶土地区画整理事業を効果的に進めた事例

伊勢崎市では、中心市街地にふさわしい地区を整備するため、駅前広場等の各種公共施設の整備改善や駅周辺の高度利用、中心商店街の活性化を目的として、平成９年２月から伊勢崎市施行による伊勢崎駅周辺土地区画整理事業を進めています。

この土地区画整理事業を進める上では、鉄道連続立体交差事業や住宅市街地総合整備事業（密集住宅市街地整備型）を組み合わせることで、効果的な整備を実現しています。

伊勢崎市のほぼ中心にある伊勢崎駅は、JR 両毛線と東武伊勢崎線が交わる交通結節点です。両路線は、伊勢崎市の中心市街地をＹ字状（26頁の写真１を参照）に通っており、市街地の分断や踏切遮断による交通渋滞の発生により、市街地の発展を妨げる要因になっていました。一般にＹ字状の路線がある場合には、駅を中心に異なる路線が拡がってしまい、踏切がとても多い状況になります。

このような状況を解決するため、伊勢崎駅付近の鉄道を連続立体交差事業により平成 25 年 10 月に全線を高架化し、20 箇所の踏切（JR 両毛線 7 箇所、東武伊勢崎線 13 箇所）を取り除くことで、市街地の分断や渋滞を解消することができました。

写真５　連続立体交差事業の効果（群馬県伊勢崎市）

老朽木造住宅が密集していた駅前（平成 16 年）

基盤整備が進む駅前（令和２年）

写真所蔵：伊勢崎市都市計画部

▶▶お手玉をイメージする

この事例では、土地区画整理事業だけでは換地先の敷地整序に多大な時間を要してしまうことから、木造老朽住宅の建て替えを促進させる住宅市街地総合整備事業（密集住宅市街地整備型）が大きな効果を発揮しました。

住宅市街地総合整備事業（密集住宅市街地整備型）は、実務で携わっていないと親しみがない印象かもしれませんが、その効果はお手玉をイメージするとわかりやすいです。上手にお手玉を回すためには、片手が空いていなければならず、玉を持ち続けていたら次に来る玉を回すことはできません。

同様に土地区画整理事業では、多くの地権者に新たな換地先へ移転してもらうことになります。しかし、移転先にある木造老朽住宅等がなかなか撤去されず、敷地整序されない場合には、そこへ移転することができなくなってしまいます。

先ほどのお手玉の例で、片手に玉を持ち続けている状態をイメージしてください。移転できない人が生じると、その移転できない人の敷地に移転したい人もまた、移転できなくなってしまうのです。つまり、お手玉の玉が回せないような悪循環が、次々に生じます。

このため、移転先となる敷地を順序よく整序できるかどうかが、事業の進捗にも大きな影響を与えてしまうのです。住宅市街地総合整備事業（密集住宅市街地整備型）は、木造老朽住宅の建て替えを促進させることで、事業の進捗に効果を発揮します。

また、同時に進めた鉄道連続立体交差事業によって生み出されたJR鉄道の残地を市事業用地とし、大規模街区として集める換地をすることで、大きな用地を確保することもできました。複数の事業を組み合わせることによる効果は、さまざまな良い影響を及ぼすことがあるのです。

伊勢崎駅周辺は、こうして踏切遮断による交通渋滞が解消し、鉄道で分断されていた中心市街地が一体化され、魅力ある市街地の整備が進みつつあります。

この事例のように、土地区画整理事業、連続立体交差事業、住宅市街地総合整備事業（密集住宅市街地整備型）等の複数の事業を組み合わせて市街地を整備することが効果的な場合があるため、実務の参考にしてください。

第7章 景観形成のポイント

7 1 ◎…「景観」って何だろう？

▶▶景観とは

平成16年に景観法が制定され、景観計画の策定や良好な景観形成のための行為規制等を行う仕組みが整いました。自治体は、景観法に基づき景観行政団体となり、景観計画や景観条例を定めて、良好な景観の形成、地域特性を活かした魅力ある景観形成を図ることができます。

なお、景観法は、景観についての定義規定を置きませんでした。この理由は景観法運用指針に示されていますが、**統一的な定義を置くと結果的に画一的な景観を生むおそれがあること等によるもの**です。景観の定義そのものも景観行政団体の考えに委ねた点については、景観法の大きな特徴といえるでしょう。

■景観法運用指針（抜粋）

Ⅲ　基本理念

（略）法には「景観」について特段の定義を置いていないが、これは、すでに他法令上特段の定義がなく用いられている用語であること、また、良好な景観は地域ごとに異なるものであり、**統一的な定義を置くと結果的に画一的な景観を生むおそれがあること等によるもの**である。

景観行政を進める主体は景観行政団体であり、地域に応じた景観行政団体の判断に多くの裁量を与えていることがわかります。

景観とは「目に見える眺めそのもの（景）」だけでなく「見る人の印象や価値観（観）」を含むものと考えられており、その場の雰囲気（音や匂い）も景観の要素と捉えられることがあります。詳しくは、『景観用語事典　増補改訂第二版』（彰国社）を読むと理解が深まります。

▶▶景観行政団体とは

景観法の条文を読み進めると、主語が「市町村は、」ではなく「景観行政団体は、」という部分が非常に多いことに気がつくと思います。景観行政団体とは、景観法が新たに創設した制度です。

まず、市町村のうち、政令指定都市及び中核市は、自動的に景観行政団体となります（景観法７条１項）。そして、政令指定都市及び中核市ではない市町村は、都道府県知事との協議を経て、景観行政団体となることができます。なお、市町村が景観行政団体とならない地域については、都道府県が景観行政団体となります。

▶▶景観法の特徴

景観行政団体が**景観計画**や**景観条例**を定めることによって、景観に影響を与える行為に関する緩やかな**届出・勧告制度**が運用されることになります。景観法の大きな特徴は、この運用に密接な関係を有する内容について、景観計画や景観条例に定めることとしていることです。

具体的には、届出を審査する際にチェックする「行為に関する事項」は景観法８条により景観計画に定めます。また、届出を要する行為は、景観法16条により景観条例に定めます。つまり、届出を審査するチェック項目は景観計画に、届出対象行為は景観条例に定めるようにすることで、景観行政団体に規制・誘導の裁量を与えています。

加えて、**屋外広告物**については、政令指定都市・中核市以外の市町村においても、景観計画の中で「屋外広告物の表示及び屋外広告物を掲出する物件の設置に関する行為の制限に関する事項」を定めた市町村は、これに即した市町村独自の屋外広告物条例を制定できることになりました。こうして、屋外広告物の規制・誘導の実務も、景観行政団体の判断で行うことができます。

7 2 ◎…「景観計画」で景観形成の方針や制限を定める

▶▶景観計画とは

景観計画は、景観行政団体が定める「良好な景観の形成に関する計画」です（景観法８条）。景観行政団体が、景観計画の区域を定めて一定の行為に対して景観形成上の基準を設けるもので、これにより届出を審査することになります。この景観計画に定める事項は、景観法８条２項各号に定められており、整理すると以下のとおりです。

①景観計画の区域
②良好な景観の形成のための行為の制限に関する事項
③景観重要建造物又は景観重要樹木の指定の方針
④次に掲げる事項のうち、良好な景観の形成のために必要なもの
（1）屋外広告物の表示及び屋外広告物を掲出する物件の設置に関する行為の制限に関する事項
（2）景観重要公共施設の整備に関する事項
（3）景観重要公共施設の占用の許可の基準
（4）景観農業振興地域整備計画の策定に関する基本的な事項
（5）自然公園法の許可の基準

景観計画においては、景観計画区域における良好な景観の形成に関する方針を定めるよう努めるものとされています（景観法８条３項）。これらの景観計画に定める事項の基本的考え方は、景観法運用指針に示されています。

■景観法運用指針（抜粋）

Ｖ　法の運用の在り方

1　景観計画

(3)　景観計画に定める事項

①基本的考え方

景観計画は、景観行政団体が、良好な景観の形成を図るために、景観に関する種々の方針及び具体的制限事項等を一体として定める法の根幹となる計画である。

具体的には、「景観計画区域」、「良好な景観の形成のための行為の制限に関する事項」、「景観重要建造物又は景観重要樹木の指定の方針（当該景観計画区域内にこれらの指定の対象となる建造物又は樹木がある場合に限る。)」を必須事項として、「景観計画区域における良好な景観の形成に関する方針」を定めることが望ましい事項として定め、これらに加えて、必要に応じて、「屋外広告物の表示及び屋外広告物を掲出する物件の設置に関する行為の制限に関する事項」、「景観重要公共施設の整備に関する事項」、「景観農業振興地域整備計画の策定に関する基本的な事項」等を選択して定めることが可能である。

必須事項については、景観行政を推進する上で最も基本的な事柄である、区域及び良好な景観の形成のための行為の制限について定めたものである。

定めることが望ましい事項については、景観行政を総合的・計画的に進め、行政の透明性を確保する観点から、景観計画区域における良好な景観の形成に関する方針を定めたものである。

また、多くの選択事項を定めている趣旨は、景観は、建築物、工作物のみならず、屋外広告物、公共施設、農地、森林、自然公園等の様々な事物が横断的に関わって形成されるものであり、良好な景観の形成の推進のためには、これらの全てを景観計画において一体的に位置付け、調和のとれた推進を図ることが有効であるからである。このため、景観計画において、選択して定めることとされた事項についても、地域の特性に応じて積極的に定め、景観に関する総合的なマスタープランとしての役割をも果たすことが望ましい。

▶▶住民参加による策定

景観は、私たちの暮らしに密接に関係していることから、景観計画の策定・変更手続に際しては、さまざまな住民参加の手法をとり入れることが重要になります。景観法運用指針では、**住民参加の機会の拡大**が示されていますが、どのような策定が行われているのでしょうか。景観計画策定の体制として、図表39に伊勢崎市の事例を示します。

■景観法運用指針（抜粋）

Ⅴ　法の運用の在り方

1　景観計画

(4) 策定・変更手続

①基本的考え方

景観は住民の暮らしに密接に関係するものであること、近年、景観形成にかかわる事柄に住民自らが主体的に参画しようとする動きが広がっているところであり、また、行政一般に対して、行政手続の透明化や情報公開、説明責任の遂行が求められていることから、景観計画の策定・変更手続における**住民参加の機会の拡大**、景観計画に係る情報公開及び理由の開示等を積極的に推進するべきである。

②住民の意見を反映させるために必要な措置

法第9条第1項において、景観計画を定めようとするときは、あらかじめ、公聴会の開催等住民の意見を反映させるために必要な措置を講ずるものとすることとされている。これは、①で述べたような趣旨にかんがみ、景観計画の案の作成の段階から、住民の意見をできるだけ反映させるための規定である。**住民の意見を反映させるための措置**としては、公聴会・説明会の開催、広報紙やインターネット等による案の公開と意見募集、まちづくりの方向・内容等に関するアンケートの実施、景観協議会等を中心とした案の提案等各種方策を、**地域の実情に応じて実施**することが望ましい。

なお、同項に規定する「住民」には、景観計画の対象地域において事業を営む法人も含まれるものである。

図表 39　景観計画策定の体制（例）

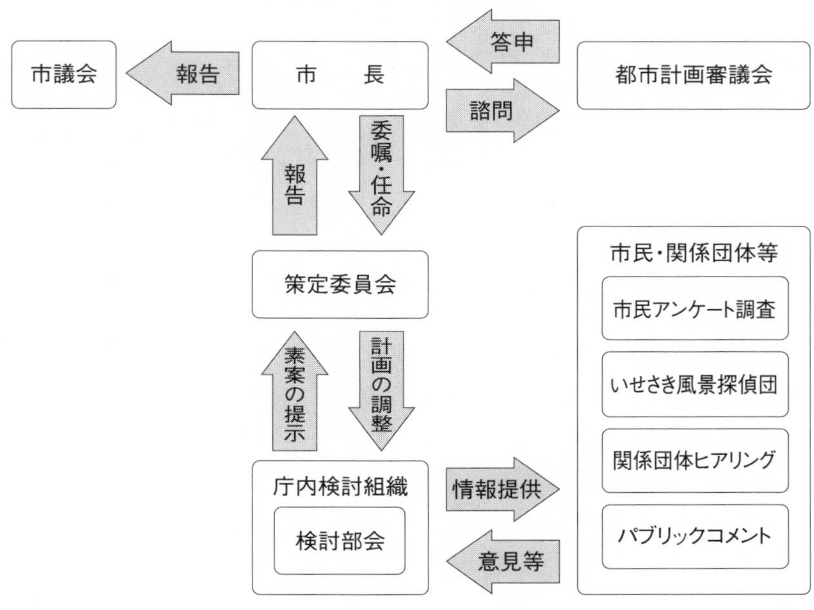

策定委員会は、学識経験者、市民団体等の構成員、市の職員で構成され、景観計画原案の策定について審議を行いました。検討部会は、市の職員により構成され、市民の声や市の上位計画との整合など、景観計画原案の策定に必要な事項について調査・検討を行いました。

市民アンケートは、伊勢崎の良い景観、改善すべき景観などについて回答を依頼しました。いせさき風景探偵団は、市民の目線で「守っていきたい風景・景色」等を検討し、景観まちづくりの提案などをまとめた報告書を市長へ提出しました。関係団体ヒアリングは、伊勢崎市の「景観」に直接関わりの深い関係団体から意見を聴取し、より幅広い意見や提案を計画に反映させることを目的に実施しました。

出典：伊勢崎市「伊勢崎市景観計画」をもとに作成

7 3 ◎…「景観条例」で委任規定と自主規定を定める

▶▶景観条例のしくみ

景観行政団体は、景観法が条例に委任している規定（委任規定）やその他の独自の規定（自主規定）を景観条例に定めます。

例えば、景観に影響を与える行為についての届出・勧告を運用していくためには、景観条例に届出対象行為を定める必要があります。具体的には、景観法16条による委任規定を条例に定めることになります。

そして、景観法が条例に委任していない自主規定も景観条例に定める必要があるでしょう。景観行政団体が、良好な景観の形成のために必要な意識啓発に資する制度等を景観条例に定め、住民や事業者と連携してさまざまな取組みを進めていくことが重要です。

▶▶委任規定を定めて届出・勧告を運用する

景観計画区域内の景観規制手法としては、主に届出・勧告制度を運用することになります。景観行政団体は、景観条例に届出の対象となる行為を定めることにより、その行為を行おうとする者はあらかじめ景観行政団体の長に届出を行います。そして景観行政団体の長は、届出を受けてから30日以内にその届出に対して設計の変更等の勧告をすることができます（景観法16条3項～4項）。

景観行政団体によって若干の差異があるかもしれませんが、実務における届出から行為の着手までの流れは、図表40のとおりです。

景観計画に適合する行為を届出てもらうためには、特に地域独自に定めている行為の制限についても十分な周知が重要になります。

景観計画区域内の建築物等のデザインは、地域独自に定めている行為の制限を基に設計してもらう必要があるため、ウェブサイトや窓口で、届出の手引書や景観重点区域パンフレット等を配布する等の配慮も必要になります。

図表 40　届出から行為の着手までの流れ

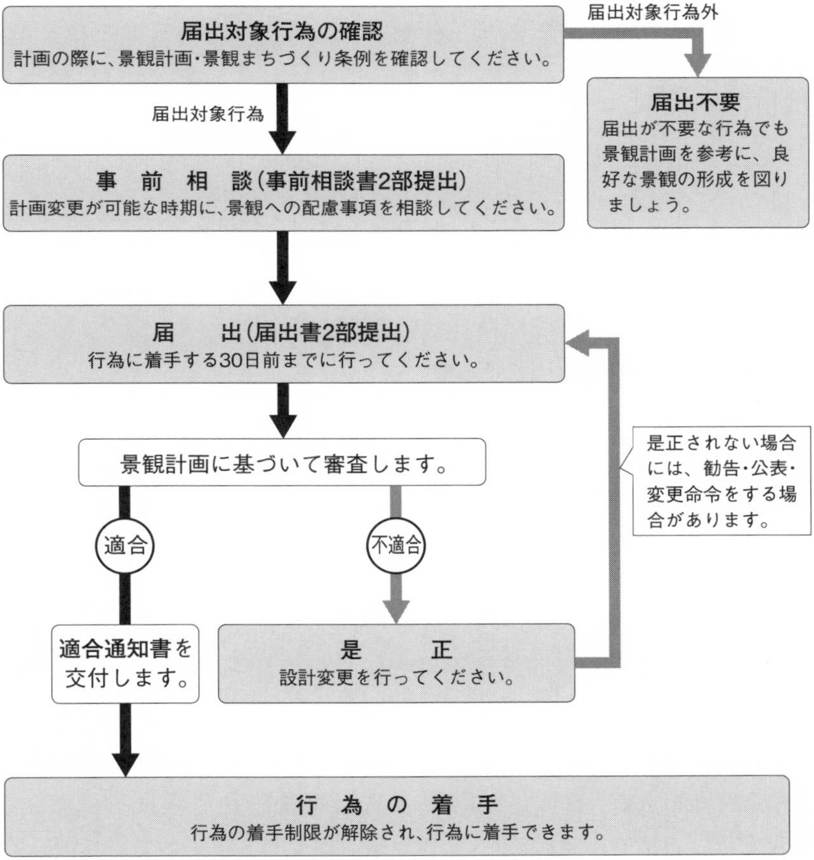

届出対象行為の確認
計画の際に、景観計画・景観まちづくり条例を確認してください。

→ 届出対象行為外

届出不要
届出が不要な行為でも景観計画を参考に、良好な景観の形成を図りましょう。

↓ 届出対象行為

事　前　相　談（事前相談書2部提出）
計画変更が可能な時期に、景観への配慮事項を相談してください。

↓

届　　出（届出書2部提出）
行為に着手する30日前までに行ってください。

↓

景観計画に基づいて審査します。

適合 → **適合通知書**を交付します。

不適合 → **是　　正**
設計変更を行ってください。（→ 届出へ戻る）

是正されない場合には、勧告・公表・変更命令をする場合があります。

↓

行　為　の　着　手
行為の着手制限が解除され、行為に着手できます。

出典：伊勢崎市「景観まちづくり条例に基づく届出の手引」

届出及び勧告等を定める景観法16条と景観行政団体が定める条例は、例えば、以下のような関係になっています。

■**景観法**

（届出及び勧告等）

第16条　景観計画区域内において、次に掲げる行為をしようとする者は、あらかじめ、国土交通省令（第4号に掲げる行為にあっては、景観行政団体の条例。以下この条において同じ。）で定めるところにより、行為の種類、場所、設計又は施行方法、着手予定日その他国土交通省令で定める事項を景観行政団体の長に届け出なければならない。

一～四　（略）

2～6　（略）

7　次に掲げる行為については、前各項の規定は、適用しない。

一～十（略）

十一　その他政令又は景観行政団体の条例で定める行為

■**伊勢崎市景観まちづくり条例**

（届出及び勧告等の適用除外）

第19条　景観計画に定める境島村景観重点区域（以下「境島村景観重点区域」という。）以外の景観計画に定める景観計画区域における法第16条第7項第11号に規定する条例で定める行為は、次に掲げるものとする。

一～七　（略）

この景観法16条7項11号による委任規定は、景観行政団体が条例に定める特に重要な規定になります。景観法16条7項各号にも適用除外となる行為が定められていますが、この景観法16条7項11号による委任規定は、包括的に景観法16条の届出を不要とするもので、景観行政団体による独自の考え方が大きく反映されるためです。具体的には、届出の対象外となる建築物の建築面積や高さ等を定めていることが多いでしょう。

▶▶自主規定を定めて地域独自の取組みを進める

良好な景観の形成は、景観行政団体による規制・誘導だけでは実現できません。建築物の建築等を行う者、屋外広告物の広告主、まちづくり活動を実施する団体等が、率先して良好な景観の形成に取り組めるように協働したり、意識啓発したりする必要があります。景観サポーター制度や表彰制度等を定めている伊勢崎市の事例を紹介します。

①景観サポーター制度

協働による景観まちづくりを積極的に推進する市民及び事業者を景観サポーターとして認定・登録し、活動してもらうものです。景観サポーターにより、マップづくり、まち歩き、展示会等が行われています。

②表彰制度

街並みや自然景観に調和し、地域の景観や魅力を向上させるような建築物、屋外広告物、まちづくり活動を「景観まちづくり賞」として表彰するものです。表彰された建築物等を広く周知することで意識啓発を図り、魅力ある景観まちづくりを推進することを目的としています。

■伊勢崎市景観まちづくり条例

（景観サポーター）
第33条　市長は、協働による景観まちづくりを積極的に推進する市民及び事業者を景観サポーター（以下「サポーター」という。）として認定し、登録することができる。
2～3（略）

（表彰）
第34条　市長は、良好な景観の形成に貢献したと認められる市民及び事業者を表彰することができる。
2（略）

7｜4 ◎…「景観重点区域」で行為の制限を上乗せする

▶▶景観重点区域とは

全国の景観計画の中には、その地域内で重点的に景観形成に取り組む範囲として景観重点区域を定めている場合があります。景観重点区域という名称でなくても、モデル地区や重点地区等の別の名称で位置付けられていることが多いようですが、いずれにしても、景観形成に力を入れて取り組む区域等といえます。

伊勢崎市では、景観形成のモデルとなるよう、先導的に景観まちづくりに取り組む区域として５つの景観重点区域が指定されています。これらの景観重点区域内で建築物の建築等を行う際、景観条例に基づく届出が必要な場合には、その行為が「景観重点区域に関する行為の制限」にも適合する必要が生じます。つまり、**行為の制限が上乗せ**されます。

こうした景観重点区域については、住民や事業者に十分な情報提供を行うことによって届出を徹底する必要があることから、ウェブサイトや窓口等で景観重点区域パンフレットの周知が行われています。

▶▶何ができるのか

「景観重点区域に関する行為の制限」は、市内全域を対象とした行為の制限に加えて、形態・意匠、色彩、敷地・外構等の制限が上乗せするものです。これにより、市内全域の緩やかな行為の制限よりも一歩踏み込んで、より統一感を持った街並みを形成していくことが可能になります。

全国の景観行政団体においても、景観重点区域に関する行為の制限に色彩の制限を上乗せする場合に「マンセル表色系」を採用し、色相（色合い）、明度（明るさ）、彩度（鮮やかさ）の定量的な制限を定めているケースが多くみられます。

また、これらの行為の制限の上乗せに加えて、高さ、配置、緑化、開発行為等を加えることによっても、より統一感を持った街並みを形成していくことが可能になります。

▶▶他法令の制度との連携

景観計画と連動した他法令の制度との連携として、屋外広告物についても景観重点区域の範囲で規制強化することも有効です。伊勢崎市では、景観重点区域の範囲と同範囲の景観形成型広告物整備地区を定め、景観計画と屋外広告物条例による規制範囲を連携させて運用しています。

この景観形成型広告物整備地区では、許可不要で表示可能な自家広告物等の一部について、届出が必要になります。また、屋外広告物に求められる共通基準も強化することで、集落景観を維持することができるように配慮されています。

▶▶留意点

景観や屋外広告物の規制は、用途地域と連動しているケースがよくあります。これは、都市計画に定める用途地域と連動させることで、目指す土地利用に合致した景観形成を図るという観点からも非常に重要です。このため、用途地域の変更に併せて、景観や屋外広告物の規制の更新を適切に情報発信していく必要があります。

自治体によっては、都市計画図、景観計画図や屋外広告物規制図を運用し、かつこれらを都市計画 GIS に導入しながら連動した運用を図っている場合があるかと思いますが、用途地域の変更に合わせた更新や情報共有を確実に行う必要があります。

7 5 ◎…「屋外広告物」って何だろう？

▶▶屋外広告物とは

屋外広告物は、情報の受け手にとっては有益であり、街の活性化にも一定の役割を担うものとして重要です。しかし、無秩序に氾濫させず、周囲の景観と調和を図ることも求められます。屋外広告物法１条では、「良好な景観の形成と風致の維持」「公衆に対する危害の防止」のために必要な規制の基準を定めるという目的を規定しています。

■屋外広告物法

（目的）

第１条　この法律は、良好な景観を形成し、若しくは風致を維持し、又は公衆に対する危害を防止するために、屋外広告物の表示及び屋外広告物を掲出する物件の設置並びにこれらの維持並びに屋外広告業について、必要な規制の基準を定めることを目的とする。

（定義）

第２条　この法律において「屋外広告物」とは、常時又は一定の期間継続して屋外で公衆に表示されるものであつて、看板、立看板、はり紙及びはり札並びに広告塔、広告板、建物その他の工作物等に掲出され、又は表示されたもの並びにこれらに類するものをいう。

２（略）

屋外広告物法２条は、屋外広告物の定義を定めています。この定義は、以下の重要な意味を持っており、図表41のような多様な屋外広告物の許可申請を審査する上でも非常に重要です。なぜなら、この定義そのものが、屋外広告物法の適用除外を示す大前提の規定であるからです。

①常時又は一定の期間継続して表示されるもの

電柱や塀等に定着して表示されるものをいい、街頭で配布されるビラやチラシは、定着されていないため屋外広告物ではありません。

②屋外で表示されるもの

ショーウィンドウ内や自動車の窓の内側から外に向けて貼り付けるステッカー等は、屋外で表示されていないため屋外広告物ではありません。

③公衆に表示されるもの

野球場や鉄道駅構内の内側に向かって表示されるものは、公衆に表示されていないため屋外広告物ではありません。

④看板、立看板、はり紙及びはり札並びに広告塔、広告板、建物その他の工作物等に掲出され、又は表示されたもの並びにこれらに類するもの

これらのうち、その他の工作物等とは、もともと広告物の表示や掲出

図表41　屋外広告物の種類（例）

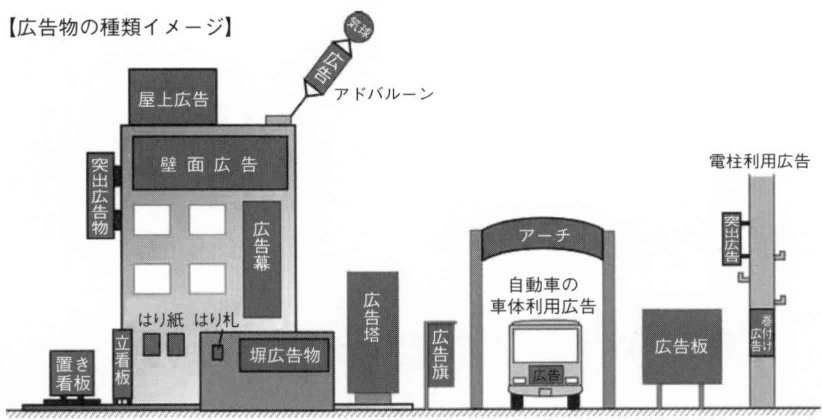

の目的を持ったものでない煙突、塀、岩石、樹木等を意味し、これらを利用したものも屋外広告物に含まれます。

▶▶許可地域と禁止地域

屋外広告物条例では、許可を得て屋外広告物を表示することが可能な「許可地域」や原則として屋外広告物の表示ができない「禁止地域」等を定めます。これらは、土地利用との関連性が高いため、用途地域と連動した運用が図られることがあります。

▶▶屋外広告物条例制定の際のアドバイス

もし、皆さんが屋外広告物条例を制定する担当者になった場合には、国土交通省が公表している「屋外広告物条例ガイドライン」を参考にすることをお勧めします。また、書籍では『屋外広告の知識　第５次改訂版　法令編』（ぎょうせい）の解説が非常に役立ちます。

この屋外広告物条例を新規制定する際の留意点としては、都道府県条例からの事務移管や許可申請手数料というお金を扱う新たな実務を伴うことになるため、法規審査以外の事務が非常に忙しくなります。

法規審査についても、罰則規定等の検察協議を伴う屋外広告物条例だけでなく、施行規則や手数料条例の制定又は一部改正等、かなりの事務量を想定しておく必要があります。

そして、条例施行に伴う住民周知等も行っておく必要があるでしょう。例えば、「屋外広告物の手引」や許可申請書の記載例を公表する、住民や事業者を対象とした説明会を開催する、窓口でパンフレットを配布する、条例施行前の申請先である都道府県の窓口等で新たな市町村の申請窓口を周知してもらう等の事前準備が重要になります。

▶▶屋外広告物の許可事務

屋外広告物の許可（例）は、図表42のようになります。自治体によって多少の差異があるかもしれませんが、許可事務は、大別すると、①～③の３種類があります。

①許可

新規の屋外広告物の許可申請書を審査して許可するもの

②変更許可

許可を受けた屋外広告物の変更・改造の許可申請書を審査して許可するもの

③更新許可

許可期間が満了した屋外広告物の安全点検結果を添付した更新の許可申請書を審査して許可するもの

屋外広告物の種類によっては、許可期間や許可申請手数料が異なるため、注意が必要です。また、屋外広告物の更新許可申請がされない場合は無許可の違反広告物になってしまうことから、更新許可申請の時期が近づいてきたらお知らせする等の運用が必要になります。更新許可申請されずに違反広告物になってしまった場合には、違反広告物の是正指導

図表 42　屋外広告物の許可（例）

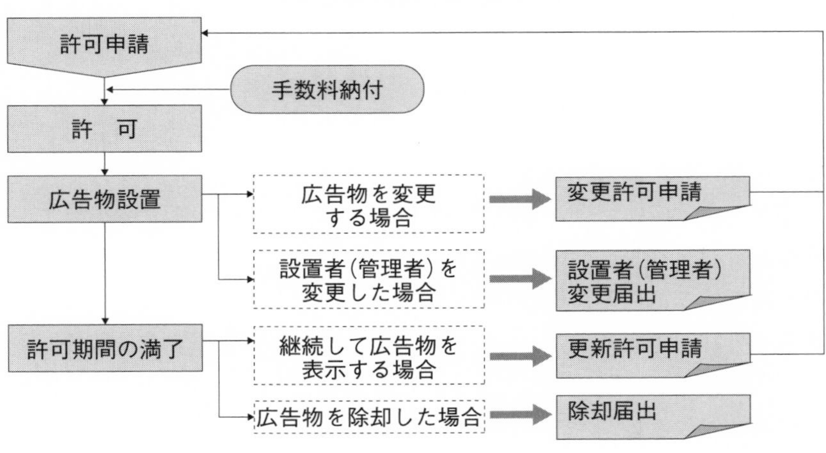

と併せて、適正な表示が行われるような取組みが必要になります。

▶▶長期広告物の違反対策

多くの景観行政団体は、無許可で表示された**長期広告物**（広告板、広告塔等）の違反対策を実施しています。具体的には、無許可の屋外広告物の広告主等に対して、違反広告物の是正指導を行っています。

伊勢崎市では、屋外広告物の適正化を図るため、市内の幹線道路沿線を中心として、違反広告物の広告主等に対する是正指導が行われています。また、同市のウェブサイトでは、土地・建物の所有者に対して、屋外広告物が表示されている場合には、その屋外広告物が許可を受けているかどうか、広告主や広告業者等へ確認するようお願いしています。

なお、長期広告物の違反対策が完了すると、写真６の上のように景観が改善されます。

▶▶短期広告物の違反対策

無許可で電柱等に表示される簡易広告物（はり紙、はり札、のぼり旗・立看板等）の**短期広告物**は、景観を損なうだけでなく、車両や歩行者の通行の妨げにもなる場合があります。これらの短期広告物のことを違反簡易広告物と呼びますが、表示者の特定が難しい場合が多く、また大量に表示されるため、その違反対策は行政だけでは限界があります。

このため、多くの景観行政団体では、屋外広告物法７条４項により、違反簡易広告物の除却活動に協力できる住民等に除却権限を委任し、自主的に除却してもらう制度を運用しています。

また、伊勢崎市では、広報紙やウェブサイトにより、塀に貼られてしまった「はり札等」の情報を募集し、寄せられた情報に基づいてはり札等を除却する取組みが進められています。こうした除却活動は、都市計画担当と住民等が連携し、一丸となって取り組むことが効果的です。

なお、短期広告物の違反対策が完了すると、写真６の下のように景観が改善されます。

写真6　違反対策の前（左）と後（右）

長期広告物（広告板、広告塔等）

短期広告物（はり紙、はり札等）

出典：伊勢崎市資料をもとに作成

▶▶景観十年、風景百年、風土千年、広告景観一年

景観まちづくりに関する名言の１つとして、「景観十年、風景百年、風土千年」があります。良好な景観、風景、風土の成就には、長い年月が必要であるということです。

しかし、写真６によれば、広告景観の取組みは、十年、百年、千年と気負う必要はありません。広告景観は、違反が是正されたその日から、たった１年でも良好な景観を実現することができるのです。

先ほどの名言に一言付け加えるならば、「景観十年、風景百年、風土千年、広告景観一年」。まずは、できることから、一歩一歩着実に取り組んでいくことが重要になります。

全国の都市でも違反対策が進み、違反広告物のない、良好な景観の形成が各地で推進されることが重要です。

7｜6 ◎…「広域連携」で景観形成に取り組む

▶▶なぜ広域連携か

自治体は、景観計画、景観条例及び屋外広告物条例の施行により、独自の良好な景観を形成していくことが重要です。一方で、自治体間で連携した広域的な取組みが効果的になる場合もあります。

ここでは、県内4市町でデザイン統一により景観整備が行われた事例、県外自治体と景観規制の調和が図られている事例として、世界遺産緩衝地帯の景観保全の取組みを紹介します。

▶▶県内4市町による連携

良好な景観や屋外広告物のデザインを整えることは、観光客の周遊性を高めることにも効果的です。世界遺産「富岡製糸場と絹産業遺産群」では、道路上の案内標識デザインを統一することにより、観光客に対する統一的な案内、視認性の向上等を図っています。

世界遺産の構成資産は、図表43のとおり富岡市、伊勢崎市、藤岡市及び下仁田町の4市町に点在しています。これらの4市町では、独自の景観計画、景観条例及び屋外広告物条例を施行しつつ、群馬県による助言や支援の下で連携し、世界遺産緩衝地帯に表示する案内標識デザインの統一を図っています。

写真7は、伊勢崎市内の世界遺産緩衝地帯である田島弥平旧宅周辺の案内標識を示しています。表示面には、英語標記、ピクトグラム（駐車場を示すＰのマーク等）標記、景観に配慮した色彩（こげ茶色の表示面に白文字の標記）等が導入されています。また、田島弥平旧宅以外の構

成資産への案内標識も同様の統一が図られています。

図表 43　景観計画策定済市町村と世界遺産構成資産（群馬県）

写真 7　世界遺産緩衝地帯の案内標識

なお、群馬県では「『ぐんまの風景を魅(み)せる公共サイン』ガイドライン」を策定し、ウェブサイトで公開しています。

このガイドラインの事例のように、都道府県が公共サインのガイドラインを定めることにより、都道府県内の広域的な連携を促すことは、非常に効果的です。なぜなら、こうしたガイドライン策定は、単独の自治体では困難だからです。ぜひ、都道府県の都市計画担当の皆さんには、こうした広域的な連携を促す取組みを支援していただき、より一層、都道府県内の連携が促進されることを期待しています。

▶▶県外の自治体による連携

世界遺産「富岡製糸場と絹産業遺産群」では、県境を跨いだ自治体との連携した取組みが行われています。具体的には、群馬県伊勢崎市と埼玉県本庄市や埼玉県深谷市の事例です。

世界遺産緩衝地帯の景観規制については、景観を確実に保護していく必要があるため、景観計画区域全域よりも厳しい景観規制が行われることが一般的です。このため、伊勢崎市内の世界遺産緩衝地帯では、景観重点区域という上乗せの規制が行われています。

この世界遺産緩衝地帯の範囲は県境を跨ぎ、図表44のように埼玉県本庄市に及んでいました。このため、世界遺産緩衝地帯内では、両市で遜色のない景観規制とされています。このように、1つの世界遺産緩衝地帯が、市境だけでなく県境を跨いでいたことで、県外の自治体との連携が実現している事例もあります。

群馬県内と埼玉県内の自治体が連携することにより、世界遺産に訪れる観光客の利便性も向上しました。埼玉県深谷市では、デマンドバスの乗り入れ停留所を伊勢崎市内に設けることにより、世界遺産とゆかりの深い深谷市内の渋沢栄一生地（中の家）や渋沢栄一記念館等への周遊性を高めています。

また、伊勢崎市と深谷市では、世界遺産等の両市の関連資産の周遊を促すための連携イベントを開催するとともに、各種パンフレットで両市の資産を掲載する等、両市への来訪者の増加にも努めています。

この世界遺産の事例のように、何らかの事業を契機として、住民だけでなく来訪者にも喜んでいただけるような景観の形成や周遊性の向上が進められることは素晴らしいことです。

広域連携は、各種の調整で大変なことが多いことも事実ですが、広域連携でしか実現できないこともあります。皆さんも、そのような機会を得たときには、ぜひ前向きに取り組んで、win-win の地域づくりに挑戦しましょう。

そうすれば、きっと市境や県境にとらわれない、広域的な視点を持った、視野の広い都市計画担当になることができます。

図表 44　世界遺産緩衝地帯が県境を跨いだ事例

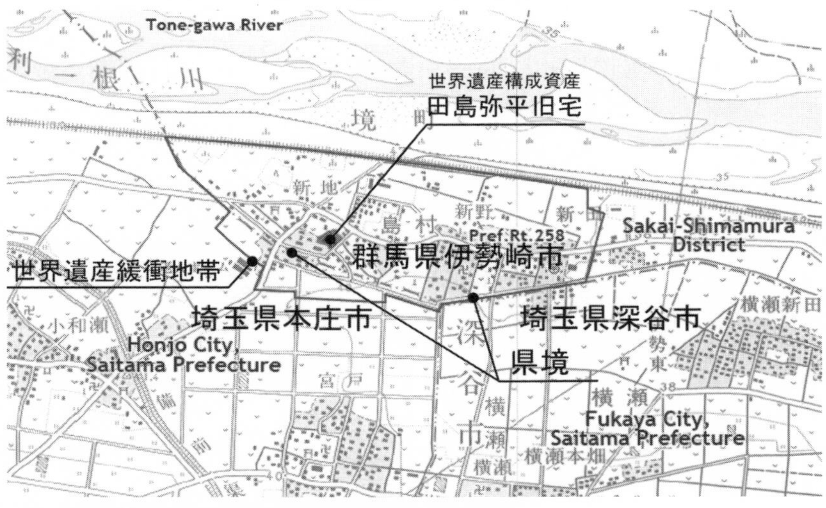

出典：群馬県『「富岡製糸場と絹産業遺産群」世界遺産登録記録集』（平成 27 年 3 月）P.I-6 に一部加筆

7 ◎…「さまざまな手法」で景観形成に取り組む

▶▶地域にふさわしい手法を選ぶ

全国各地の景観形成は、その地域にふさわしい手法を選びながら進めていくことが重要です。先進都市の景観形成の取組みをウェブサイトで調査したり、その先進都市の景観計画を閲覧してみてもよいでしょう。また、百聞は一見にしかずという言葉のとおり、実際に近隣市に出掛けて、まち歩きをしてみることも貴重な経験になります。

地域の資産等を活かしながら景観形成を進めていく手法について、いくつか紹介します。

▶▶歴史まちづくり

地域における歴史的風致の維持及び向上に関する法律は、略して「歴史まちづくり法」と呼ばれています。この法律は、歴史上価値の高い建造物やその周辺の市街地が一体となって形成してきた良好な市街地の環境の維持や向上を図るために制定されました。

市町村が策定する歴史的風致維持向上計画は、国から認定を受けることにより、街なみ環境整備事業、都市公園事業、都市再生整備計画事業等の各種事業による支援や計画に基づく特別な措置等を受けながら、歴史まちづくりに係るさまざまな取組みを進めることができます。

制度の概要を一通り理解する上では、文化庁ウェブサイト「文化財に関するパンフレット」内のデータを参照することをお勧めします。

▶▶まちなかウォーカブル推進事業

まちなかウォーカブル推進事業は、にぎわいと活力のある、エリア価値の高い、持続可能なまちづくりを目指し、官民が連携して、公共空間の新たな活用方法の検討や沿道との一体的な活用を前提とした街路整備等により「居心地が良く歩きたくなるまちなか」の創出を促進するものです。

国土交通省では、コンパクト・プラス・ネットワーク等の都市再生の取組みを進化させ、官民のパブリック空間（街路、公園、広場、民間空地等）を人中心の空間へ転換・先導し、民間投資と共鳴しながら「居心地が良くなる歩きたくなるまちなか」を形成するため、「まちなかウォーカブル」の取組みを推進することとしています。

群馬県前橋市の馬場川通りでは、令和3年10月にまちなかウォーカブル推進事業の社会実験が行われました（写真8）。この社会実験では、公共空間の新たな活用の一環として、車道の一部を歩行者天国にした場合の影響等を調査しています。

写真8　歩行者天国の社会実験（群馬県前橋市）

▶▶重要伝統的建造物群保存地区

文化財保護法による「伝統的建造物群保存地区の制度（伝建制度）」を活用して、城下町、宿場町、門前町等の歴史的な集落・町並みの保存を進めている事例も見られます。

伝統的建造物群とは、「周囲の環境と一体をなして歴史的風致を形成している伝統的な建造物群で価値の高いもの」と定義されています。

皆さんも、伝統的建造物群保存地区や重要伝統的建造物群保存地区に行ったことがあるかもしれません。これら２つの地区は、どのような違いがあるのでしょうか。

伝統的建造物群保存地区は市町村が決定し、地区内の保存事業を計画的に進めるため、保存条例に基づく保存活用計画を定めます。国は市町村からの申し出に基づき、わが国にとって特に価値が高いと判断されるものを**重要伝統的建造物群保存地区**に選定し、市町村の取組みを支援します。

▶▶重要文化的景観

文化財保護法による「重要文化的景観の制度」を活用して、水郷、棚田、草原等の文化的景観の保存を進めている事例もあります。

文化的景観とは、「地域における人々の生活又は生業及び当該地域の風土により形成された景観地で我が国民の生活又は生業の理解のため欠くことのできないもの」と定義されています。

文化的景観の中でも、地域の特色を示す代表的なものや、他に例を見ない独特なものとして国が選定したものが**重要文化的景観**です。この重要文化的景観は、国が地方公共団体（都道府県又は市区町村）からの申し出を受けて、選定基準に照らして選定されます。この重要文化的景観も、保存・活用の取組みに対する国の支援があります。

第8章
都市計画担当の仕事術

8 1 ◎…「自己啓発の機会」をできるだけ活用する

▶▶研修には積極的に参加しよう

皆さんが所属している都市計画担当の部署では、さまざまな研修制度が用意されているかと思います。

地方公務員法39条1項は、「職員には、その勤務能率の発揮及び増進のために、研修を受ける機会が与えられなければならない。」と定めています。自治体によって差があるものの、何らかの方法で都市計画に関する研修を受けることができます。

それらの中でも、私が研修の受講を強くお勧めしたいものがありますので、いくつか紹介しましょう。

①国土交通大学校

国土交通大学校は、国土交通省の総合的な研修機関として、国土交通省の職員や国土交通行政に携わる地方公共団体・独立行政法人の方々を対象に、新しい行政ニーズを的確に把握し、効率的に職務を行うために必要な知識・考え方の修得や行政能力の向上を目的とした研修を実施、国民の皆様に開かれた行政運営を担う人材を育成しています。

この国土交通大学校のウェブサイトには、年間の研修計画書が公表されており、その中に研修計画総括表という研修の一覧表があります。この中から、ぜひ受講してみたい研修の内容を確認しておき、研修受講の案内があった場合には職場からの推薦を受けて受講してください。

この国土交通大学校の研修が素晴らしいのは、国、都道府県、市町村の職員が一緒に参加しているということです。もちろん研修の内容や講師は素晴らしいのですが、グループワーク等を通して、国、都道府県、市町村それぞれの立場の職員が、ある課題に対してどのように考えるのか、普段は得ることができない大きな気づきがあります。また、一緒に参加していた人たちとの人脈が継続することにより、さまざまな情報交換が可能になる良い面があります。

②市町村アカデミー

市町村アカデミーは、社会経済の急速な進歩や変化に対応し、地方分権型社会の構築に向けて、多様化する住民ニーズに即した市町村行政が推進されるよう、研修を通じて市町村職員の能力の向上を図り、もって住民の福祉と地域の振興に資することを目的としています。

この市町村アカデミーのウェブサイトにも、年間の研修計画が公表されているので、ぜひ受講してみたい研修の内容を確認しておき、研修受講の案内があった場合には職場からの推薦を受けて受講してください。参加している全国の市町村職員と知り合える機会でもあり、その後の仕事でも情報交換できる良い機会になります。

③国や都道府県への派遣研修

最後に、国や都道府県への派遣研修です。これは、自治体によって研修実施の有無、派遣人数や予算が決められているので、必ずしも経験できるかどうかわかりません。しかし、機会があれば積極的に申し出ることをお勧めします。私は、群馬県県土整備部都市計画課に1年間ほど派遣されていたことがあり、そのときにお世話になった県や他市町村の人たちとの交流が継続しています。顔見知りの関係が築けることは、その後の仕事を進めやすくなることにも繋がりますので、ぜひこのような派遣研修の機会があれば活用を検討してみてください。

▶▶情報発信の機会は大切に

皆さんが実務を経験する中で、先進的な取組事例や珍しい取組事例等があった場合には、さまざまな関係先から講演会、出前講座、執筆依頼、行政視察、議会視察等の依頼を受けることがあります。

そのような依頼があった場合には、できるだけ引き受けられるよう上司に相談してみましょう。私も、他の自治体、住民、教職員、事業者、新聞社、他市の議会視察等からの依頼に対応したことがありますが、取組事例を紹介できる良い機会になります。

また今後、逆にこちらから問い合わせができるような良い関係性を構築できるかもしれません。ぜひ貴重な情報発信の機会を大切にしてください。

また、職場で情報共有したほうがよいと感じる実務を経験した場合には、その経験を整理しておくと同時に、上司に相談して積極的に職場研修を開催しましょう。

人財育成という意味でも、職場経験の浅い新任職員に対する都市計画研修のほか、ハードクレーム対応や顧問弁護士相談の心構えについての職員研修等も効果的でしょう。

ぜひ、皆さん自身がOJTだけでは学ぶことができない実務や有事の際にも強い職場づくりに貢献できる実務を経験した場合には、上司に相談の上、ぜひ職場研修を企画して、実施してみてください。

OJTだけでは学ぶことができない経験を情報共有できる職場研修であれば、上司もきっと前向きに検討してくれると思います。

▶▶自己啓発が自分の未来を変える

都市計画担当の自己啓発には、さまざまなものがあります。

日常の読書や日記で文章力を鍛えることも自己啓発ですし、全国の都市を実際に訪れて、都市計画の理解を深めることも立派な自己啓発です。都市計画担当に向いていると思われる自己啓発を挙げておきますので、さまざまな自己啓発に取り組んで、自分の未来を育てましょう。

①資格取得

工事監理を担当する人に向いている資格には、土木施工管理技士があります。また、各種法令等の理解を深め、用地交渉や補償交渉の相手からの相談に的確に応えるため、ファイナンシャルプランナーや宅地建物取引士に挑戦する人もいます。

難関資格としては、技術士（建設部門）がありますので、携わっている仕事の分野での受験にチャレンジしてみてもよいでしょう。

これらの資格取得では、通信教育を受講して効率的に学習することもお勧めです。

②昇任試験テキスト

昇任試験の受験テキストには、地方自治法や地方公務員法等の解説や具体的な対応事例が掲載されていることが多いため、昇任試験の受験にかかわらず一読することをお勧めします。

昇任試験テキストは、自治体職員として知っておくべき法令の解説を厳選して掲載している場合が多く、忙しくて時間がない人にもお勧めです。特に以下の２冊は、図表が豊富であり、お勧めできる書籍ですので参考にしてください。

(1)『完全整理　図表でわかる地方自治法』（学陽書房）
(2)『完全整理　図表でわかる地方公務員法』（学陽書房）

③大学等への進学

近年では、積極的に学びたい社会人を受け入れている大学等が増えています。このため、組織の許可等を得て、余暇に大学等へ進学し、新たな学びを得ることもお勧めです。

私は、市役所に入職後、公務の傍ら勤務終了後に近隣市にある前橋工科大学に通学して、夜間に都市計画をゼロから学びました。本市の都市計画審議会長や景観審議会長のもとで10年以上、都市計画を学び続けることができました。

昨今では、オンライン授業を取り入れている大学も増え、必ずしも通学しなければならないようなこともなくなってきています。また今後も、そのような大学が増えるように思います。自分に合った学びやすい大学を選び、興味のある分野を学んでみることもお勧めです。

8 2 ◎…「他者に頼れるか」どうかが試されている

▶▶頼ることは恥ずかしくない

私が都市計画担当の実務ノウハウを積み、その後、世界遺産登録を所管する企画調整課に異動した２年目のことでした。私が係長に昇任した初日の朝、課長に呼ばれ、次のような指示をいただきました。

課長「あなたも今年度から係長です。都市計画担当の経験を活かして世界遺産登録を成功させて、世界遺産を活用したまちづくりを計画・実行してください。県内には世界遺産登録の事例がありませんが心配ありません。あなた自身が判断し、自分では担いきれなかったり、応援や動員が必要だと思ったら、いつでも私に相談してください。職員を動員して対応します」
私「はい。ありがとうございます」

翌日の朝、私は課長に伝えました。

私「課長、無理です。私には担いきれません……」
課長「ははは（笑）、そうか。そのとおりだ」
私「えっ？」
課長「判断が早いね（笑）」
私「……」

私が課長となった今、このことを振り返ると、いつも思うことがあります。私がこの時にお世話になった部下想いの課長は、新任係長である私が世界遺産登録事務を担いきれないことをわかりきった上で指示していたのです。

それはなぜか。私が恥ずかしがらずに、「他者に頼れるか」どうかを見極めたかったのです。

▶▶応援や動員を要請しよう

群馬県内の4つの構成資産からなる「富岡製糸場と絹産業遺産群」は平成26年6月に世界遺産登録されました。

「富岡製糸場と絹産業遺産群」の構成資産は、富岡市、伊勢崎市、藤岡市、下仁田町の4市町に跨るため、4市町が連携して世界遺産登録を推進する必要がありました。

4市町の中でも、伊勢崎市の構成資産は、当初は世界遺産暫定一覧表に入っていなかったため、世界遺産緩衝地帯の景観規制強化、地元の調整や受入体制の準備が他の構成資産よりも大幅に遅れていました。

このため、全国の世界遺産構成資産を有する自治体のウェブサイト等から情報収集した結果、図表45のような対応が行われていることがわかりました。そして、私は至急、これらの対応を検討し、実施しなければなりませんでした。

図表45　世界遺産を活用したまちづくりに係る対応（例）

	分類	内容
1	駐車場・交通安全対策	駐車場整備、交通規制、警備員配置
2	防犯・環境美化	防犯パトロール・環境パトロール実施
3	総合案内	総合案内マニュアル・Q＆A作成
4	職員動員・職員研修	現地動員、現地視察研修、外国語研修
5	来訪者対応	シャトルバス・案内所運営、マップ作成
6	周辺環境整備	見学コース舗装、案内板・トイレ整備
7	まちづくり	ビジョン策定、会議・イベント開催
8	周知・啓発	広報、ウェブサイト・パンフレット更新
9	多言語対応	各種資料の多言語翻訳、QRコード表示

当時の課長は、これらの事務の全てを私の係が担えるとは思っていなかったにもかかわらず、まずは私に任せてみたのです。課長としては、係長が適切な状況判断ができるようになるために、あえて懐の深い指示をすることがあるのです。

私は、課長に無理ですと相談する前に、これらの事務全体のロードマップを作成して、躊躇なく判断しました。おそらく、私から「課長、無理です。私には担いきれません……」と言ってお願いしなければ、ある時点で助け舟を出して、全庁的対応を指示してくれたことでしょう。

課長は、私から期待どおりの相談を受けて安心すると同時に、全庁的対応を指示してくれたのです。

▶▶相談される職員を目指す

前例のない事務や全庁的対応が必要な事務を担当することになった場合には、庁内・庁外を問わず情報を収集しなければなりません。

皆さんが、恥ずかしがらずに、他者に頼れるかどうかが試されているのです。

世界遺産登録の経験を振り返れば、県内に事例がなくても、全国にはたくさんの事例があり、かなりの情報を収集することができるのです。

これは、伊勢崎市が県内の市町村で初めて景観行政団体となったときの実務でも同じでした。

たとえ庁外の自治体職員や専門家であっても、電話連絡してお願いすれば、貴重な情報をいただけるケースが少なくありませんでした。

わからないことは、決して恥ずかしがらずに相談してみましょう。前例のない事務に無知であることは、決して恥ずかしいことではありません。むしろ、他の自治体職員や専門家に相談せず、誤った判断をしたときこそ恥ずかしいのです。

また、庁内の情報収集には、ぜひ覚えておいてほしいノウハウが３つあります。

①各課に最低１人、信頼して相談できる相手を持つ

実務経験年数によっては、係長よりも係員のほうが過去の経緯等をはるかに詳しく知っている場合が少なくありません。事務を円滑に進めるために、頼れる、そして相談できる各課の職員をあらかじめ見極めておきましょう。

②相談しない職員を見極めておく

逆説的になりますが、事務を円滑に進められなくなるような各課の職員には相談しないようにしましょう。例えば、人事異動や新規採用で転入したばかりの職員から、数年前の複雑な経緯等を教えてもらうことは困難でしょう。特に、緊急性を要する業務では、むしろ①のノウハウよりも重要かもしれません。

③２つのノウハウを自らの行動に反映させる

上記①と②のノウハウを自らの行動に反映させましょう。

具体的には、日常業務において自らが信頼を獲得できるように努め、信頼貯金をすることによって、相談される職員を目指すのです。

相談される職員には、自然と有用な情報が集まります。そして相談される職員には、さらに周囲の職員にも相談しやすくなるという好循環が生まれます。

皆さんが相談される職員を目指して行動することで、周囲の職員の対応も変わってきます。

ぜひ、すぐに実践してみましょう。

8 3 ◎…「チームワーク」を掛け声で終わらせない

▶▶チームワークのために何をしていますか？

自治体の職員は、組織で仕事をしています。組織で仕事をしている以上、チームワークが極めて重要です。

では、ここで自問してみましょう。

「あなたは、職場のチームワークを最大限に引き出すためにどのような努力をしていますか？　チームを構成している１人ひとりの特性や得意分野を把握していますか？　それらは、あなたがその部署に着任したときにすでに把握できていますか？」

言葉でチームワークと言っても、具体的な行動がなければ掛け声に終わってしまいます。

そこで、私の実務ノウハウを紹介します。

▶▶職員の勤務経歴を把握する

勤務時間外の飲み会等で職場の同僚と一緒に話した際、同僚の意外な一面を知ることがありませんか？　しかし勤務時間中は、なかなかそのような機会もなく、同僚の特性や得意分野も知らずに過ぎてしまいます。

そこで、私は新たな部署への着任前に図表46の**職員勤務経歴一覧表**を作成し、その部署の全職員の勤務経歴を把握するようにしています。

この職員勤務経歴一覧表の作成は簡単です。人事異動内示が発表されたら、異動することとなった転出先の職員の過去の勤務経歴を調べます。

本人から直接聞き取りをしたり、職場で共有されている職員名簿から、過去の所属と勤務年数を調べたりしてもよいでしょう。

これにより、新たな職場の職員が8人いるとすれば、8人分の実務経歴一覧表が完成します。

これを作成しておくと、都市計画担当の実務に大きく役立ちます。

都市計画担当の実務は、技術系、事務系を問わず、広い知識や経験が必要になるため、学び合える環境づくりが加速します。

例えば、「太田四郎さんは管財課に在籍していたから、嘱託登記事務について助言してもらおう」とか、「中之条七子さんは建設課の経験があるので、補償実務について部下に指導してもらおう」といった、職員の特徴を活かした強いチームワークづくりに役立ちます。

図表 46　職員勤務経歴一覧表（例）

都市政策部	氏名	R3 所属係	R2	R1	H30	～（略）	H21
部長	伊勢崎一郎	—	都市政策部 部長	企画部 副部長	公園課 課長	…	建設課 道路係長

都市政策課	氏名	R3 所属係	R2	R1	H30	～（略）	H21
課長	富岡　二郎	—	下水道課 課長	建設課 課長補佐	建設課 課長補佐	…	企画課 主査
係長	高崎　三美	総務係	都市政策課 総務係長	都市政策課 総務係長	観光課 係長代理	…	監査課 主査
係長	太田　四郎	計画係	建築課 審査係長	建築課 審査係長	管財課 係長代理	…	都市政策課 主査
主査	板倉　五郎	計画係	都市政策課 主査	都市政策課 主査	都市政策課 主査	…	市民課 主任
主査	前橋　六郎	計画係	公園課 主査	公園課 主査	公園課 主査	…	—
係長	中之条七子	工務係	上水道課 計画係長	建設課 道路係長	建設課 道路係長	…	下水道課 主査
主査	草津　八郎	工務係	都市政策課 主査	都市政策課 主査	広報課 主査	…	公園課 主査

※同色部は、異動がなく同じ部署に所属

▶▶ロードマップを共有する

都市計画担当の仕事の全体像を理解するため、業務のロードマップを作成することを強くお勧めします。

このロードマップは、全体ロードマップと年間ロードマップ（図表

第8章　都市計画担当の仕事術

図表47　年間ロードマップ（例）

○○計画策定ロードマップ

	3月	4月	5月	6月	7月	8月	9月
原案答申（策定委員会）	11●						
審議・答申（都市計画審議会）	26●						
印刷業者契約			2●				
表紙サンプル作成				7●			
市長決裁				2●			
校了～印刷指示					8●		
納品					21●		
庁議報告					2●		
議会情報提供						16●	
報道機関情報提供						16●	
広報掲載						16●	
ホームページ掲載						16●	
９月議会　準備・対応						━━	━━

47）を作成しておくとよいでしょう。

これらのロードマップを作成して課内で共有することにより、突発的な仕事が発生しても落ち着いて対処できるようになります。また、どうしても係内で対応できなければ課内応援、課内で対応できなければ部内応援という形で、次の一手を調整する際にも効果を発揮します。

職員数の削減が進む昨今の自治体の職場では、どんな職場でも人員に大きな余裕を持ってはいないでしょう。

そのような状況の中で、無理を言って応援に応じてもらうためには、整理されたロードマップが大きな説得力を持つはずです。

▶▶対応状況一覧表で経緯を残す

都市計画担当のロードマップを作成しても、そのとおりに進捗する仕事はほとんどなく、常に見直しが必要になります。この見直しの際、遅れが生じた原因や将来的な問題を整理して、情報共有しておくことをお勧めします。

その方法として、私はその部署の共有フォルダ内に図表48の**対応状況一覧表**のエクセルデータを保存しています。このエクセルデータは、市長、市議会議員、県議会議員、地権者等のワークシートに分かれており、指示、依頼、回答についての対応状況を時系列で記録しています。

これを共有フォルダ内に保存しておくことで、私が不在でも他の職員が過去の対応状況を把握できます。また、至急対応しなければならない軽易な内容であれば、その場で回答することもできるでしょう。

このように、常に自分以外の職員に対しても**チームワーク向上**を意識して仕事をすることが重要です。

この対応状況一覧表は、人事異動が決まってから転任する際にも非常に便利です。自分が引き継いだ後任が、この対応状況一覧表を見れば継続案件の経緯がほぼ理解できます。引継書には書ききれない過去の経緯も一目で理解できるため、自分が転出後に後任から問い合わせを受けなくてもすむという、**自分自身のタイムマネジメント**にも余裕が生まれることになります。

図表48　対応状況一覧表（例）

令和３年度　○○課　地権者対応状況一覧表

年月日	面会者	要件	市回答
R3.5.26	A さん	○○の変更について、具体的な取組みはいつ頃から予定しているか教えて欲しい。	来年度以降を予定しています。
R3.6.2	B さん	中止になったイベントについて、別の方法で開催できないか検討して欲しい。	主催者の○○と相談しつつ、コロナ禍で可能な開催を検討してまいります。
R3.7.22	C さん	○○計画の改定・公表の予定を教えて欲しい。	来年８月を予定しています。

これら①から③まで以外にもチームワークを向上させる方法があるかと思いますので、皆さんも職場で実践してみてください。

8 4 ◎…まち歩きでは「唯一」や「一番」を伝える

▷▷「唯一」や「一番」が参加者の気を惹く

都市計画担当になると、さまざまな場面で、まち歩きを経験する機会があります。研修等で他の都市のまち歩きに参加したり、景観計画やまちづくりビジョンの策定業務の中で、公募による住民を集めたまち歩きを開催したりすることもあるでしょう。

また、まち歩きのイベントを開催して、さまざまな参加者に地域の情報を伝える役割を担う場合もあります。

もし、皆さんがまち歩きで地域の魅力を伝えるとしたら、どのように伝えると効果的でしょうか。

まち歩きの参加者の気を惹く、最も効果的な解説は、「唯一」または「一番」であることを伝えることです。オンリーワンか、ナンバーワン。つまり、その地域の希少性が、記憶に残る最大の武器になるのです。

「一番」と言える何かがあればそれに越したことがないのですが、なかなか「一番」であることも少ないでしょうから、「唯一」に着目することをお勧めします。私は、このノウハウを市民団体「いせさき街並み研究会」の代表で建築家の栗原昭矩さんから教えていただきました。栗原さんが発足した「いせさき街並み研究会」は、平成15年から活動を開始しました。まち歩きやペーパークラフトづくり等の市民向けのイベントを開催し、多くの市民に地域の歴史・文化や古い建物の素晴らしさを伝えています。

私も、この会の発足当初からずっと参加させていただいています。

▶▶自慢できる何かを見つけておく

まち歩きで最も残念な解説は、「私が担当しているこの地域では、特に目立った特徴はございませんが……」というものです。

このような解説は、自治体職員同士の謙遜した日常会話ではあり得るかもしれませんが、まち歩きではNGワードです。このような解説を受けた参加者は、解説者が何を考えているのか、何を伝えようとしているのかわからなくなってしまいます。

皆さんが担当している都市や地域が、全国的に有名な観光地等でなければ、すぐに「唯一」や「一番」を探し出すことはできないかもしれません。しかし、すぐに探し出せない「唯一」や「一番」を解説することができれば、むしろ誰もが知る「唯一」や「一番」を解説するよりもずっと参加者の満足度が高まるのです。

有力な手がかりは、その自治体のウェブサイトや要覧ですが、図書館に行って郷土資料や過去の古い文献を調べてみてもよいでしょう。

▶▶具体的にはどう解説するの？

例えば、栗原さんによる本市の中心市街地のまち歩きでは、以下のように「唯一」や「一番」をしっかり伝えています。

「この曲がり角は、雁木折りと言って、本市の江戸時代の町割りの姿が残っている**唯一**の場所です」

「旧時報鐘楼は、戦災の痕跡を残している群馬県内で**一番**古い鉄筋コンクリート造の建造物です」

「いせさき明治館は、群馬県内で**一番**古い木造洋風医院建築です。」

私は、栗原さんによるこれらの解説の度に、まち歩き参加者の目の輝きが増すことを実感してきました。

もし私が、都市計画担当になった皆さんを伊勢崎市のまち歩きにご案内することになれば、都市計画に関する次頁の解説をします。

「本市は、群馬県内の市町村で一番最初に景観行政団体になった市です」

「本市には、群馬県内で唯一の世界遺産『富岡製糸場と絹産業遺産群』の構成資産があります」（写真9）

「本市は、戦災復興都市計画事業施行都市に指定された全国115都市の中で、計画が実行されなかった東日本で唯一の都市です」（写真10）

写真9　世界遺産の構成資産「田島弥平旧宅」

写真10　戦災で焼失した伊勢崎市の市街地

写真所蔵：伊勢崎市図書館

▶▶参加者の記憶に残るまち歩き

まち歩きでたくさんの解説を聞いたものの、残念ながらあまり記憶に残らなかったと感じることも少なくありません。

人間は、過剰に情報を与えられても、それらの全ては記憶に残らないのです。

このため、解説を受ける参加者にとって価値ある情報を効果的に交えながら解説するとよいでしょう。

まち歩きの参加者に、次のような感想を言ってもらえたら大成功です。

「まち歩きに参加したら、意外なことが聞けた」

「まち歩きで新たな発見があったよ」

「面白い地域だったから、もう一回行って見ようかな？」

都市計画担当は、参加者の満足度が高くなるような充実したまち歩きができるよう、地域の自慢できる何かを見つけておきましょう。

そして、まち歩きの当日は、「唯一」や「一番」を解説しながら、参加者の皆さんとの交流をみんなで一緒に楽しみましょう。

8 5 ◎…「ワークショップ」で地元の声を肌で感じとる

▶▶ワークショップ形式の会議に臨む

自治体の都市計画担当になった際、必ず経験することになる手続の1つに住民説明会があります。これは、自治体が策定した計画（案）を提示しながら説明し、納得してもらえるように努める形式が多くなります。

しかし、計画（案）策定段階から住民意見を反映する方法として、ワークショップ形式の会議を開催することもあります。私の経験上、住民の生活に大きな影響を与える可能性が高い事業や、地元住民の賛否が分かれていると推測されるような場合には、あらかじめワークショップを行うと効果的です。

ワークショップを開催する際には、その水先案内人ともいえるファシリテーターの役割が非常に大きくなります。ファシリテーションを行うファシリテーターは、一定の技術を学び、実践してきた人が担うことが望ましく、自治体側に十分なノウハウがなければ委託業者や専門家が担う場合もあります。しかしながら、必要な技術や実践が伴えば、自治体の都市計画担当が担えるものであり、むしろ地元の情報に精通した都市計画担当が担うことこそ望ましいといえます。

▶▶実践する前に

では、新任の都市計画担当が実務でいきなりファシリテーターを担えるかというと、それはなかなか難しいでしょう。

そのような場合には、最低でもワークショップの実践についての技術を学び、その基本を押さえることが重要です。

また、同僚や上司に実務経験がある人がいれば、そのノウハウをお聴きすることをお勧めします。

そして、自治体や都道府県がワークショップの研修を実施していることもあるので、調べてみることもお勧めします。私は、群馬県が開催していた「魅力あるまちづくりのパートナーネットワーク講座」を受講したことがきっかけとなりました。

その研修で講師を務められた帝京大学の大下茂教授から、ファシリテーションの基本からアイスブレイク（ちょっとした笑いを誘う）等のテクニックまで、さまざまな内容を教わりました。この経験が、その後の実務の大きな支えになっていますが、その極意の主な内容は、以下の8つでした。

(1) 事前準備をきちんと行い、会議進行の想定イメージをもって臨むこと。時間を絶えず意識して円滑に進行すること。
(2) 会議中は笑顔を忘れず、和やかなムードづくりを心掛け、参加者が意見を述べやすくするように努めること。
(3) 先入観を持たずに望むこと、あくまでも中立な立場であること。
(4) 参加者全員からの意見を得ること。大きな声の人だけでなく、小さな声の人の意見も聞き出すこと。そして均等に意見を述べてもらうように心掛けること。意見を否定しているような雰囲気は、絶対につくらないこと。
(5) 会議の進行に対して柔軟な心を持って、臨機応変に対処すること。想定していた到達点に強引に持ち込もうとしないこと。
(6) さまざまな意見や発言の中に「共通項」を見出すように努めること。その「共通項」を参加者に示すことによって、同意や合意の形成を図ること。
(7) 参加者との信頼関係を築き、維持し続けること。
(8) 次の参加への余韻を残すこと。最後には「お片付け」にも主体的に参加してもらい、次回の参加を楽しみにしていただけるようにすること。

▶▶実践の場は突然やってくる

都市計画やまちづくりの実務を進める上では、準備期間も少ない中でワークショップ形式の会議を実施しなければならなくなる場合もあるでしょう。私は、前頁の講座を受講後、世界遺産登録によるまちづくりのビジョン策定業務に携わりました。世界遺産登録を踏まえた市民協働によるまちづくりを推進するため、地元区長や地元団体役員の方々を交えた意見交換をワークショップ形式で実施したのです（写真 11）。

このワークショップでは、職員数名がファシリテーターとなり、地元の方々からのさまざまなご意見を引き出し、まとめる役を担いました。

当時、私たち職員は、技術的に課題の多い、悪戦苦闘中のファシリテーターでしたが、地元住民の方々の熱意やコーディネーターの大下教授に助けられながら、周辺環境整備やおもてなし対応に向けた積極的な意見交換が進められました。

そして、平成 27 年 3 月には、地元住民の方々の熱意が込められた、そして職員も一緒になって汗を流した「境島村まちづくりビジョン」が策定されたのです。私は今でも、このビジョン策定業務を通して、とても感動したことを覚えています。

写真 11　ワークショップ形式の会議

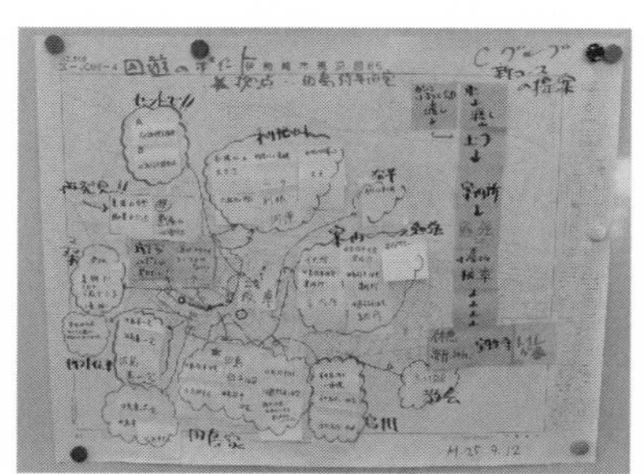

出典：「境島村まちづくりビジョン」（伊勢崎市）

▶▶ノウハウを伝えて共有する

ファシリテーションの実践を通して、自分自身のノウハウが蓄積された頃、大下教授からお声掛けをいただきました。今度は、私も一緒に研修講師としてノウハウをお伝えすることになったのです。大下教授の８つの極意に併せて、私は以下のノウハウをお伝えするようにしています。

(1) 年齢や性別など、参加者をよく考えて臨むようにする。
(2) 開始したら、タイムキーパーの役割も忘れずに進行する。
(3) 遅刻した人や欠席予定者が来たら、場の状況を簡潔に伝える。
(4) 話題が脱線してきたら、タイミングよく元の話題に戻していく。
(5) 感情的になりそうな参加者がいても、落ち着いて進行する。
(6) 表現に困っている参加者の意見は、やさしく言い換えてみる。
(7) 終了時間に終わらなくなりそうな場合は、延長の了解を得る。

▶▶現場力のある都市計画担当になるために

ワークショップでファシリテーターを実践すると、どんなよいことがあるのでしょうか。それは、地元の声を肌で感じとることによって、ビジョンに記された活字の奥底にある情景まで思い浮かぶようになるのです。その活字が記されることとなった根拠となる「発言した人の想い」「提案した人の熱意」「決めた方向性の根拠」等が、今でも頭の中で鮮明に蘇ってきます。活字を知っているだけでなく、活字の根拠まで踏み込んで理解しておくと、その説明にも自信と説得力が増すのです。

都市計画担当の皆さんには、ファシリテーションを実践する機会があれば、ぜひ積極的に経験を積むことをお勧めします。そして、住民参加の現場で汗を流すことの充実感を経験してみてください。

きっと、住民から気軽に声を掛けられたり、頼りにされたりするような、現場力のある都市計画担当になることができます。

8 6 ◎…お仕事だけでなく「お志事」で経験をシェアする

▶▶お仕事以外にも志を持った「お志事」を持っていますか

視野の広い都市計画担当になるために。

お仕事ではない「お志事」として、私が余暇に志を持って取り組んできた取組みをお伝えします。

都市計画担当の実務能力の向上だけでなく、人生までも豊かにするノウハウ。私の経験に基づいて活動を開始した職員自主研究グループ「人財育成研究会」とオンライン市役所での取組みを紹介します。

▶▶1人の経験は、1人分の経験でしかない

私が入職3年目の都市計画担当だった当時、直属の係長が人事異動となり、新任の係長が配属されました。新任係長は、都市計画の実務経験がなく、私の業務の負担は一時的にかなり増えました。

毎日の深夜残業が続き、いつしか私の気力や活力がなくなっているかなと感じるようになってきていました。

そのようなときに、新任係長は優しく私に語りかけました。

「橋本君、そんなに頑張りすぎないでください。あなたがどんなに頑張っても2人分の仕事はできないし、私がどんなに頑張っても1人分の仕事はできませんから」

私は当時、かなり切羽詰まって、深夜残業をいとわずに仕事をしていたので、素直に喜んでこの言葉を受け入れることができませんでした。「そんなに堂々と1人分の仕事はできないと宣言されてもなぁ。係長は気楽でいいよなぁ」と感じていたものです。

しかし、後になって考えてみると、私や職場のことを考えて、最良の声掛けをしてくれていたことに気づきました。

まず、私がメンタルヘルス不調にならないよう、毎日の声掛けを忘れませんでした。そして、その声掛けは、職場にも自然な笑いをもたらすユーモアのあるものばかりでした。

先ほどの声掛けも、まだ１人分の仕事ができない新任係長である自分のことを話し、自虐的な笑いを誘うものでした。新任係長は、係長として係をマネジメントしてくれていたのです。

もっと大きな気づきは、私がどんなに遅くまで残業して多くの仕事をこなしても、それは所詮、1人分の経験でしかないということです。

この気づきは、私の人生に大きな影響を与えることになりました。

私を含めて、自治体の職員は、各自が色々な経験をしています。しかし、1人の経験は、たった1人分の経験でしかないのです。

▶▶職員自主研究グループで経験をシェアする

私は、過去に都市計画課の他にいくつかの課を経験してきましたが、定年まで人事異動を繰り返しても、都市計画に関係する全ての部署を経験することは不可能です。

ここで皆さんに問いかけてみたいと思います。

「あなたは、職場の仲間と経験をシェアしていますか。あなたの貴重な経験を１人分の実務ノウハウで終わらせていませんか。職場の仲間と実務ノウハウをシェアするために具体的な行動をしていますか？」

この問いに応えるため、私は職員自主研究グループ「人財育成研究会」の代表を務め、都市計画関係課の職員と一緒に活動しています。

この人財育成研究会では、毎年、次頁の職場経験シート（図表49）を活用して、メンバーの実務ノウハウを可視化し、シェアし合っています。

図表 49　職場経験シート（例）

氏名 伊勢崎 明	性別 男	歳代 40	所属・係・役職 土地区画整理課　課長
入職後の職場経験 　1．都市政策課都市計画係（３年間） 　2．都市政策課景観係（５年間） 　3．関東県都市計画課都市行政係（１年間） 　4．企画課企画係（２年間） 　5．企画課街づくり係（４年間） 　6．建設課道路係（２年間） 　7．土地区画整理課（現在）			
心に残っている職場経験の概要（最大３つまで） 　6．建設課道路係（２年間） （１）道路担当者による定例打合せを開始した （２）道路担当者による「業務マニュアル」を作成した （３）道路構造条例の一部改正を行った			
反省した職場経験の概要（最大３つまで） 　6．建設課道路係（２年間） （１）工事に対してブランクがあったため、現場感覚を取り戻すまで時間を要した （２）新人から主査クラスまで、部下の能力に応じた適切な指導を行えるようにするべき （３）業務のシステム化、マニュアル化を進め、効率的かつ効果的に成果を挙げるべき			
みんなに読ませたいおすすめの図書（最大３冊まで） 1位　幸田露伴著『幸福のための努力論』 2位　東京商工会議所編『ビジネスマネジャー検定試験公式テキスト』 3位　リチャード・テンプラー著『上司のルール』			
講演会でお話を聴きたい先輩職員等とその理由（最大３人まで） ・群馬 二郎さん　（理由）職員の人財育成についてお話を聴きたい ・前橋 三郎さん　（理由）技術公務員のキャリアデザインについてお話を聴きたい ・高崎 四郎さん　（理由）駅周辺のまちづくりについてお話を聴きたい			

▶▶職場経験シートの活用方法

この職場経験シートの良い点は、上から順に、まず「入職後の職場経験」が可視化されるため、万が一、自分が他部署に異動した際、誰から実務ノウハウを教えてもらえるかを知ることができます。

次に「心に残っている職場経験の概要」「反省した職場経験の概要」により、新たな実務ノウハウを毎年知ることができます。特に、失敗して反省した経験を知ることは貴重です。成功した経験を知ることがあっても、失敗した経験はなかなか知る機会がないからです。

また、「みんなに読ませたいおすすめの図書」により、他の職員がどのような書籍から学びを得ているのかを共有することができます。近年では、自治体職員が執筆した良書を知るきっかけにもなっています。

最後の「講演会でお話を聴きたい先輩職員等とその理由」により、毎年、講演会を開催しています。近隣の自治体職員との合同開催や大学とのオンラインによる合同開催をしたこともあります。

▶▶視野の広い都市計画担当になるために

職員自主研究グループの良い点は、年齢や役職を超えて、お互いが緩やかに対話したり、助け合ったりできる点です。もちろん経験をシェアし合い、実務ノウハウを共有し合うこともできるのです。

私はよく、「あなたは課長になってまで、どうして職員自主研究グループを続けているのですか？」と聞かれることがあります。

そんな質問を受けたとき、私は迷わず答えています。

「いえ、私は課長だからこそ、職員自主研究グループの代表を続けるのです。この人財育成研究会で、みんなと一緒に経験をシェアし合うのです。あなたも一緒に実務ノウハウを学び合いませんか？」

皆さんは、1人の経験を1人分の経験で終わらせず、経験をシェアし合い、実務ノウハウを共有することについて、どう思いますか？

毎年、数多くの実務ノウハウを学び、何人もの実務ノウハウをシェアして、視野の広い都市計画担当になりたくありませんか？

▶▶オンライン市役所で経験をシェアする

全国の公務員の皆さんが経験をシェアする場として「オンライン市役所」があります。オンライン市役所は、全国の公務員で運営する、公務員限定のオンラインプラットフォームであり、1,100を超える自治体や国から、5,000人以上の地方公務員・国家公務員が参加しています（2022年3月時点）。

行政組織をモチーフとして、共通の関心や課題感を持つグループを「課」と呼び、参加者は50以上の課を自由に選んで参加することができます。

私は現在、「ゲンバ課」と「図解・グラレコ課」の2つの課の課長補佐を務めています。全国の公務員の皆さんと経験をシェアし合いながら、楽しく活動しています。

自治体の都市計画担当になった皆さんも参加して、全国の仲間と交流することができますので、少し紹介したいと思います。

①庁内放送

オンライン市役所に参加することで、毎日、全国のさまざまな公務員の皆さんによる動画を視聴することができます。

その内容は、管理職の方のお話、コミュニティリーダーの方のお話、各課によるオンラインイベント等、とてもバラエティに富んでいます。

視野を広げたいと考えている公務員の皆さんには、ぜひ参加をお勧めします。

また、以下の2課は、私も課長補佐として参加している課ですので、ご興味のある皆さんには、ぜひ参加していただけると嬉しいです。

全国の公務員の皆さんと小さな経験をシェアし合い、大きな価値を生み出してみませんか？

②ゲンバ課

ここでいう「ゲンバ」とは、必ずしも工事現場のことを指すものではありません。

土木職はもちろん建築職や事務職の皆さんも、それぞれ大変な業務のゲンバを担当されています。

こうした多様な公務員の皆さんが全国から集まり、さまざまなオンラインイベントを開催しています。

公務員は、常にゲンバを大事にしながら業務を進めていく必要があり、さらに全く予期しない部署への人事異動もつきものです。

常日頃から、さまざまなゲンバで働く公務員の皆さんからお話を聴き、実務の視野を広げることができます。

③図解・グラレコ課

現在、全国の多くの自治体等でグラフィックレコーディングという会議の可視化が行われています。

これは、略して「グラレコ」と呼ばれるもので、会議の内容を要約したり、可視化したりして、議論の活性化等を図るものです。

その方法も、模造紙を広げてマーカーペンで描く方法だけでなく、ipad 等を活用して、リアルタイムで画面共有しながら会議を行う方法へと進化してきています。

こうしたグラレコの技術についても、オンライン市役所で学ぶことができます。

「図解・グラレコ課」では、グラレコの技術を高めるためのさまざまな情報共有、イベント開催、練習会等が行われています。

8 7 ◎…都市計画の先達「石川栄耀」の名言に学ぶ

▶▶都市計画を一言で表現した名言

「社会に対する愛情、これを都市計画という」

これは、都市計画分野で著名な石川栄耀(ひであき)(1893 ～ 1955 年)の名言です。

彼が著した『私達の都市計画の話』(兼六館、1948 年)の最終章「誰でも出来る都市計画」の締めくくりに記されたもので、子どもたちに発したいメッセージとして彼の他の著書にも用いられています。

石川栄耀(山形県尾花沢生まれ)は、東京帝国大学工科大学土木工学科を卒業し、民間企業経験後に内務省都市計画地方委員会技師となりました。そして、都市計画名古屋地方委員会勤務や東京都都市計画課長等を務め、特に都市計画実現手法としての土地区画整理事業の先進事例を残しました。

自治体の都市計画担当になった皆さんには、素晴らしい自治体の都市計画担当の先輩として、ぜひ名前を覚えていただきたいです。

▶▶20年間、読み続けている名言

私は、職場のデスクマットの中央に入れて、入職後の 20 年間、常日頃、読んでいる石川栄耀の名言があります。

私が都市計画担当の仕事の問題や悩みを抱えたとき、必ず読む名言であり、とても素晴らしい名言ですので、ぜひこの機会に紹介したいと思います。

「『都市』というものは、市民からは放任され、市役所からはお役目だけの心配をしてもらうだけで、心から考えてもらったことは一度といえどもあるまい。

これで都市が、本当の市民のための、しっくりした心地よき都市になることができたら手品だ。

市長が、市会議員が、理事者が、市民が、特にじかに自己の生活たるべき市民が、親身になってあけ暮れ楽しみ考えることなしに、いつ市民の都市ができようものぞ。」

出典：石川栄耀「『郷土都市の話になる迄』断章の一六　市民倶楽部三相」
『都市創作〈復刻版〉第六巻』（不二出版、2005年）
※原著は、都市創作会、1928年
※読みやすさを考慮し、一部現代語訳を施しています

私が市役所入庁後に都市計画課へ配属となり、石川栄耀に関する本を読んだ中で、「ハッ」と気づかされた、ひときわ目を引く名言でした。

この名言は、昭和3年に残されたとされていますが、未来の市民参加のまちづくりを見事に予言しています。

この名言によれば、市役所が全てお膳立てした市民不在の都市計画では良い都市にはならないし、逆に市役所が怠慢であっても良い都市にはならないことを説いています。

そして、もしもそのような関係性の中で、しっくりした心地よい都市をつくることができたならば、それは「手品」であると暗に否定しています。

私は、この名言に出会い、市民がまちづくりを親身になって考えることが重要であることに気づかされました。また同時に、私自身が市民団体「いせさき街並み研究会」に参加して、市民として20年間、まちづくり活動を行うきっかけにもなりました。

▶▶都市計画を教育する理由

晩年の石川栄耀は、子どもたちへの都市計画教育の重要性を説くようになり、以下の名言も残しています。

「私はかつて『都市計画』というものは『世の中へ対する愛情だ。』と言ったことがあります。今でもそう思っています。
『世の中』に対して愛情を感じれば、自ら『都市』に愛着を感じるようになる。（人々はなぜ昔から都市にあこがれるか。その鍵はここにあります。）そうすれば自然にこれをよいものにしたいようになるのです。
こういうことは『世の中』の『明日』の事を考える力のある若い人にしか解らない。だからこそ、この本を『若い人』に贈りたいのです。お受け取り下さい。」

出典：石川栄耀『社会科全書 都市』（岩崎書店、1953 年）
※読みやすさを考慮し、一部現代語訳を施しています

都市計画担当の諸先輩の心構えを知ることで、仕事の取組姿勢の拠り所や、迷いが生じたときの羅針盤になります。

石川栄耀をはじめ、都市計画分野の著名人による書籍も数多く出版されており、こうした書籍から新たな都市計画の学びを得ることも刺激的です。ぜひ、自治体の都市計画担当の諸先輩による書籍にも目を通してみてはいかがでしょうか。

私が本書で皆さんにお伝えしたかった全８章は、これで終わりになります。最後に石川栄耀の名言として紹介した「世の中の明日の事を考える力のある若い人にこの本を贈りたい」という想いは、本書を執筆してきた私の想いでもありました。本書の第８章までお付き合いいただきまして、ありがとうございました。

参考文献・ブックガイド

■本書の執筆に際して、参考にさせていただいた文献リストです。

【都市計画全般】
○社団法人日本都市計画学会編『実務者のための新・都市計画マニュアルⅠ・Ⅱ』（丸善）
→都市計画実務の解説がとても参考になります
○都市計画法制研究会編集『都市計画法の運用Ｑ＆Ａ』（ぎょうせい・加除式）
→都市計画実務の解説がとても参考になります
○都市計画法制研究会編著『よくわかる都市計画法　第２次改訂版』（ぎょうせい）
→都市計画法のあらましをわかりやすく解説しています
○平塚勇司著『都市公園のトリセツ――使いこなすための法律の読み方』（学芸出版社）
→都市公園に関する実務上の要点をＱ＆Ａ方式で解説しています
○本多教義著『QA 自治体の下水道に関する法律実務――関係法律、公共下水道事業・整備、工事請負契約、近隣対応』（日本加除出版）
→下水道法の解説や実務上の要点をＱ＆Ａ方式で解説しています
○一般社団法人全日本土地区画整理士会発行『改訂６版　土地区画整理の手引――事業と実務の要点』（一般社団法人全日本土地区画整理士会）
→土地区画整理事業の全般をわかりやすく解説しています
○土地区画整理法制研究会編著『逐条解説土地区画整理法 第２次改訂版』（ぎょうせい）
→土地区画整理法をわかりやすく解説しています
○公益社団法人街づくり区画整理協会発行『土地区画整理法逐条解釈第９版』（公益社団法人街づくり区画整理協会）
→土地区画整理法の解釈をわかりやすく解説しています
○一般社団法人全日本土地区画整理士会発行『改訂版　区画整理の質問

300に答える』（一般社団法人全日本土地区画整理士会）
→土地区画整理事業の実務問答集であり、実務者には必携です

○公益社団法人街づくり区画整理協会発行『土地区画整理事業実務問答集　第３版』（公益社団法人街づくり区画整理協会）
→土地区画整理事業の実務問答集であり、実務者には必携です

○都市再開発法制研究会編著『改訂３版　わかりやすい都市再開発法——制度の概要から税制まで』（大成出版社）
→都市再開発法の制度等をわかりやすく解説しています

○坂和章平著『Ｑ＆Ａわかりやすい景観法の解説』（新日本法規出版）
→Ｑ＆Ａ方式で読みやすい景観法の解説書です

○屋外広告行政研究会編集『屋外広告の知識　第５次改訂版　法令編』（ぎょうせい）
→屋外広告物法をわかりやすく解説しています

【法制執務・法律相談】

○石毛正純著『法制執務詳解　〈新版Ⅲ〉』（ぎょうせい）
→法制執務の手引書として最適です

○吉田利宏著『元法制局キャリアが教える 法律を読む技術・学ぶ技術［改訂第３版］』（ダイヤモンド社）
→法律を読み解く力を身につける学習書として最適です

○礒崎陽輔著『分かりやすい法律・条例の書き方 改訂版（増補2）』（ぎょうせい）
→ページ数も大量ではなく、法制執務の基本書として最適です

○横山雅文著『事例でわかる自治体のための組織で取り組むハードクレーム対応』（第一法規）
→特にハードクレーム対応や弁護士相談について解説しています

【国等による資料】

○国土交通省「第11版　都市計画運用指針」

○国土交通省「開発許可制度運用指針」

○国土交通省「都市公園法運用指針（第４版）」

○国土交通省「都市緑地法運用指針」
○国土交通省「土地区画整理事業運用指針」
○国土交通省、農林水産省、環境省「景観法運用指針」
○国土交通省「屋外広告物条例ガイドライン」
○群馬県編集「ぐんまの都市計画 2020」
○群馬県編集『「富岡製糸場と絹産業遺産群」世界遺産登録記録集』

【学術論文による資料】
○橋本隆著『市町村合併による都市計画区域再編に関する研究』（前橋工科大学博士学位論文）

■都市計画担当にお勧めのブックガイドです。

【都市計画全般】
○佐々木晶二著『いちからわかる　知識＆雑学シリーズ　都市計画のキホン』（ぎょうせい）
→Q＆A方式で読みやすい都市計画法の解説書です
○都市計画法制研究会編集『都市計画法令要覧（令和４年版）』（ぎょうせい）
→都市計画に関する法令を一通り読むことができて便利です
○佐々木晶二著『政策課題別都市計画制度徹底活用法』（ぎょうせい）
→一歩踏み込んだ政策課題別の都市計画制度をまとめています
○開発許可制度研究会編集『最新 開発許可制度の解説〈第４次改訂版〉』（ぎょうせい）
→開発許可制度の全体像をわかりやすく解説しています
○都市計画用語研究会編著『4訂　都市計画用語事典』（ぎょうせい）
→都市計画用語に関する辞書です
○篠原修編『景観用語事典増補改訂　第２版』（彰国社）
→景観用語に関する辞書です

【道路管理】

○グループMICHI編集『いちからわかる　道路管理の知識&雑学』(ぎょうせい)

→Q&A方式で読みやすいです

○公益社団法人日本道路協会編集『道路構造令の解説と運用（改訂版）』（丸善出版）

→道路を設計する上で必携です

○公益社団法人日本道路協会編集『舗装設計便覧』（丸善出版）

→道路舗装を設計する上で必携です

○道路法令研究会編集『第５次改訂　道路管理の手引』（ぎょうせい）

→道路管理者にとって必携です

○野辺博編著『私道・境界・近隣紛争の法律相談』（学陽書房）

→道路や境界の問題事例が掲載されています

【用地・補償】

○藤川眞行著『公共用地取得・補償の実務――基本から実践まで』（ぎょうせい）

→補償交渉の担当者が最初に学ぶ書として最適です

○補償実務研究会編著『用地補償ハンドブック〈第６次改訂版〉』（ぎょうせい）

→補償交渉の担当者が学ぶハンドブックとして適しています

【工事監理】

○「土木施工の実際と解説」編集委員会編著『改訂６版　写真でみる土木工事の施工手順　土木施工の実際と解説　上巻・下巻』一般財団法人建設物価調査会

→多数の工種について、写真や図を用いて解説しています

○都市計画補助事業研究会著『都市局所管補助事業実務必携　令和２年度版』（公益財団法人都市計画協会）

→都市計画事業の概要や国庫補助事業の実務が詳しく掲載されている通称「赤本」。都市計画事業や国庫補助要望の担当者必携の１冊

おわりに

皆さんが都市計画担当の仕事を理解して、大きなやりがいと充実感を感じている頃、人事異動により都市計画担当を離れることになります。場合によっては、都市計画担当になってから２～３年という短い期間で他部署に異動してしまうこともあります。

このような場合でも、ぜひ自らのモチベーションを維持し続けていただきたいと思います。皆さんが都市計画担当で培った知識や経験を活かして他部署で活躍すること、そしていつか再び都市計画担当として活躍することになった場合の助走期間かもしれないことを意識していただくとよいと思います。

皆さんが都市計画担当になってから得た知識や経験は、極めて貴重なものになっています。その理由は、皆さんが都市計画担当になってから最初に感じた「とっつきにくい印象」が何よりの証拠です。都市計画担当の仕事を理解するためには、ある一定の期間が必要であり、最初のとっつきにくさを解消するまでの努力や時間がとても重要なのです。

このため、私を含めて、都市計画担当がその部署を離れてから数年後に再び都市計画担当になるケースが少なくありません。人事異動後に他部署の仕事を覚えて知識や経験に厚みを増してから、再び都市計画担当になる人も多いのです。

もしも都市計画担当の部署を離れる場合でも、自分自身の将来のキャリアデザインの中で再び都市計画担当になる可能性があることを念頭に置いて、１つでも多くの新たな学びを得ることをお勧めします。

私も都市計画課長になった現在、都市計画担当の部署を離れてから経験してきた群馬県県土整備部都市計画課、企画調整課、土木課、区画整理課での知識や経験に支えられていることを実感しています。

これから皆さんもたくさんの人事異動により、さまざまな知識や経験を積まれると思いますが、これらは全て皆さんの目に見えない貴重な財産になります。これらの財産を少しでも後輩の都市計画担当に伝え、経験をシェアしていただくことによって、都市計画担当の職場がより魅力的なものになっていくことでしょう。

都市計画担当の実務は、多種多様な人々と協働しながら都市を計画することで、その都市の魅力を向上することができる大きな達成感に満ちています。

そして、その都市の魅力は、全国の他の都市にも波及し、後世にも引き継がれていくことでしょう。全国の都市計画担当の皆さんの努力と成果が、他の自治体の都市計画担当の新たな励みにもなるのです。

私からも全国の都市計画担当の皆さんに応援のエールを送り続けたいと思っています。

最後に皆さんに感謝の気持ちを記して執筆を終わりたいと思います。

私は20年前、都市計画の実務経験がない30歳過ぎの中途採用新入職員でした。初めて住むことになった伊勢崎市では土地勘がなく、都市計画のことも一切学んだことがありませんでした。私も都市計画担当の実務ノウハウを一日も早く習得したいと毎日が苦戦の連続でした。

私こそ、この『自治体の都市計画担当になったら読む本』を最も読みたかった一人だったのです。

そんな私による本書が、当時の私と同じような境遇にある皆さんの「実務の味方」になることができたら望外の喜びです。

本書の企画からずっと二人三脚で歩んでいただいた株式会社学陽書房の村上広大さんに心から感謝します。また、伊勢崎市で一緒に働いている皆さん、職員自主研究グループの仲間、オンライン市役所等でお世話になっている全国の公務員の皆さん、いせさき街並み研究会の皆さん、私に都市計画を御教授いただいた前橋工科大学の湯沢昭名誉教授、森田哲夫教授、小林享教授、帝京大学の大下茂教授に心から感謝します。

最後に、最愛の妻と家族には、あらためてお礼を言いたい。いつも私を支えてくれて本当にありがとう。

令和4年3月

橋本　隆

●著者紹介

橋本 隆（はしもと・たかし）

群馬県伊勢崎市都市計画部都市計画課長
1972年生まれ。９年間勤務した建設会社を退職後、2003年伊勢崎市入庁。都市計画課、群馬県県土整備部都市計画課（派遣）、企画調整課、土木課、区画整理課長を経て、現職。
総合計画、都市計画マスタープラン、景観計画の策定のほか、県内市町村初の景観行政団体や世界遺産登録の実務を経験。博士（工学）、技術士（建設部門）、一級土木施工管理技士。
職員研修講師や外部講演会講師を数多く務める一方で、職員自主研究グループ「人財育成研究会」代表、全国5,000人以上の公務員が参加するオンライン市役所の「ゲンバ課」課長補佐や「図解・グラレコ課」課長補佐を務める。
20年間ほど参加している市民団体「いせさき街並み研究会」の活動で、まちづくり功労者国土交通大臣表彰（2016年）、群馬県まちづくり功労者表彰（2015年）、いせさき元気大賞（2017年）等を受賞。
主な著書は、『歩いて暮らせるコンパクトなまちづくり』古今書院（共著）、『群馬から発信する交通・まちづくり』上毛新聞社（共著）、『群馬の地盤』地盤工学会（共著）。

自治体の都市計画担当になったら読む本

2022年４月21日　初版発行
2024年４月４日　５刷発行

著　者　橋本 隆（はしもと たかし）
発行者　佐久間重嘉
発行所　学 陽 書 房
〒102-0072　東京都千代田区飯田橋1-9-3
営業部／電話　03-3261-1111　FAX　03-5211-3300
編集部／電話　03-3261-1112
http://www.gakuyo.co.jp/

ブックデザイン／佐藤　博
DTP製作・印刷／精文堂印刷　製本／東京美術紙工

ISBN 978-4-313-16175-7 C2036